U0840567

谁的爱情绚烂了那座城

王云燕 著

周璇　盛爱颐　萧红　阮玲玉　孟小冬　陆小曼　孙多慈　张爱玲　郑苹如　宋美龄

中央编译出版社

图书在版编目（CIP）数据

谁的爱情绚烂了那座城 / 王云燕著 . —北京 : 中央编译出版社 , 2014.7

ISBN 978－7－5117－2186－0

Ⅰ.①谁…　Ⅱ.①王…　Ⅲ.①女性－名人－生平事迹－中国－民国　Ⅳ.① K828.5

中国版本图书馆 CIP 数据核字（2014）第 106210 号

谁的爱情绚烂了那座城

出 版 人：刘明清
出版统筹：董　巍
策划编辑：黄海明
责任编辑：韩继海
责任印制：尹　珺
出版发行：中央编译出版社
地　　址：北京西城区车公庄大街乙 5 号鸿儒大厦 B 座 (100044)
电　　话：(010) 52612345 (总编室)　　(010) 52612313 (编辑室)
(010) 52612316 (发行部)　　(010) 52612315 (网络销售)
(010) 52612346 (馆配部)　　(010) 66509618 (读者服务部)
传　　真：(010) 66515838
经　　销：全国新华书店
印　　刷：北京富达印务有限公司
开　　本：710 毫米 ×1000 毫米　1/16
字　　数：125 千字
印　　张：18
版　　次：2014 年 7 月第 1 版第 1 次印刷
定　　价：35.00 元

网　　址：www.cctphome.com　　邮　　箱：cctp@cctphome.com
新浪微博：@中央编译出版社　　微　　信：中央编译出版社（ID：cctphome）

本社常年法律顾问：北京市吴栾赵阎律师事务所律师　闫军　梁勤

凡有印装质量问题，本社负责调换。电话：010-66509618

女人似花，为谁暗香流转

隔了时光的海。

隔岸凝望，浮华若梦，伴随着时代转折的痛。

修长婀娜的身姿裹上万种风情的旗袍，将女性玲珑有致的曲线勾勒无遗，搭配高跟鞋、波浪卷发，成为一道迷人的景致。凄哀的表情里透着蚀骨的妩媚，娇滴滴极具女人味，像毒药，穿过岁月的浮尘都能让我们酥软，眉毛长长的，长到夸张的地步，笔触又纤细，眉梢飞到鬓边，云容水貌里尽是雍容而华贵。

旧的时光仿若五彩斑斓的蝴蝶在周璇浓酽如酒的歌声里翩然飞来，娇媚多情的女子，似鲜花般盛放，往日风流，芙蓉帐暖，旋即风云突变，离散在眼前，让人泫然泪涕，悲喜交加。

不知惊艳了多少时光，她们依然在水一方，难以触摸。凡世里的机遇却各不相同，一世修为，各凭各命。一生中总有一个人是你心头的朱砂痣，一生中总有一个人是你的致命伤。世间最珍贵的是什么，是已经失去的，还是没有得到的，其实都不是，是你正在拥有的，那一世，她们又明白多少？

她们不仅是美人，还是超级才女，千万人难寻重样。她们或许知道自己很美，却从不以此作为唯一的资本，天资聪颖，后天努力，仿佛一部部励志大戏。永远不会老去的她们依然是后世男男女女心中的女神。这些幽美披华又在身边散发香味的女子深深地吸引了我。

南京，中华民国的首都。上海，民国时期最繁华的东方大都市。在这两座江南的大都市里都曾留下她们当年的芳踪。风流上海滩，曾演绎过多少爱恨的佳话，古老的南京城，又承载了多少离恨别愁。彼时，蒋介石与宋美龄在爱庐间结爱心，徐志摩在四明村的洋房里为陆小曼写下缠绵悱恻的《爱眉小札》。

直让我追寻而去。那些民国绝世才女们停留过的地方，像一本老相册，悄然散发着特有的气息，那些欢笑寂寞过的倩影仿佛，在这个记忆的化身里盘桓不去。

那些素心若雪、兰质蕙心的女子，到底与谁相依，与谁心灵共舞？成功的喜悦掺杂着爱情萦绕的心跳，民国的她们寄给我们这席鲜活的追忆。

在这本书里，我只选取了曾居住在这里的十位绝世才女，探访她们的故居，倾听她们的爱情故事。

民国才女当然不止这几位，但我选取的必须符合三个条件：一是在政坛，或商界，或文坛，或艺术界的佼佼者，可谓才情千万；二是有着荡气回肠让人回味无穷的爱情故事；三是在南京或者上海有故居可寻者。条件苛刻，入选者则少而精，而她们当之无愧是乱世中的传奇。

女人花，一汪碧水即可，冰清玉洁，绰约风姿，为君曼妙。只是，女人似花香似梦，为谁今生暗香流转?

民国，西风东渐，一时多少风流人物，而民国才女更成为中国历史上一道独特的风景线。她们是既接受儒家教统熏陶，又接受西方自由思想感染的女子，琴棋书画，歌舞弹唱样样皆通，有的还中英文俱佳。她们的才情、爱情和事业，历经岁月变迁，依然像传世翡翠，通透沉静，靓丽夺目。她们在时代的风雨中愈加娇艳，在短短的一生中淬炼了恒久静美的灵魂。

建筑是文化的沉淀，亦是时间能传给后人最深刻、最直观的历史胎记。当生命都已经缄默的时候，老房子只是缓慢地老去，像一个印戳，留下了爱与恨的印记。

让我蹚过岁月的痕迹，去探寻与这座城、这些老房子有关的故事。

青山依旧在，时光难复返，一代人只有一代人的时光。

回眸处，绝代风流；刹那间，芳华永留存，流水落花余香在。

民国那一袭烟雨再也渲染不了她们的裙裾，已发黄的旧时光悄然溜走，曾经的倾城之恋飘散在风中。

目录

壹　乱世佳人

贰　美女间谍

叁 海上妖姬

肆 聪颖玉女

伍 绝世冬皇

陆 才女娇娃

柒 凄美丽人

◎壹◎ 乱世佳人

宋美龄——成功上市的婚姻经营者

◎ 兄长陪嫁楼　宋家显赫多（上海）◎

【爱庐】

上海东平路9号，1927年蒋宋联姻后宋子文赠送给宋美龄的陪嫁之物，以作为蒋宋短栖上海的行宫别墅

一潭清澈，谁语鱼水相融意

上海，一个曼妙而韵味十足的城市。

浓密的法国梧桐树冠在天空中相吻，阳光透过树叶的缝隙印下点点斑驳的光影。沿着这条宁静雅致的小路惬意地走下去，和风云际会的往事相看，一个个历史人物仿佛擦肩而过，驻足回眸，彷佛越过了岁月的长河，沉寂的思绪仿佛进入热闹的民国时代。此时，你会在起伏撞击的思绪中迷失自己，不自觉地沉沦在时空的大幕里。

东平路9号，著名的爱庐就坐落在这里。它是宋美龄娘家当年的陪嫁楼，现在是上海音乐学院附中。东平路的前身是法租界贾尔业爱路，9号的门牌没变。北面的入口处悬着"上海市优秀近代建筑保护单位"的铭牌。大铁门里，布满爬山虎的老房子勾勒出当年的风韵。

熟悉民国史的朋友有谁不知道大名鼎鼎的爱庐呢？

走近爱庐，练琴房的琴声阵阵飘扬，这幢法式别墅的屋顶铺盖着红色鱼鳞瓦片，清水卵石的墙面，堪称当时欧洲流行的外墙装饰式样，屋顶的烟囱和老虎窗，比例协调。

爱庐由一座主楼和两座副楼组成。副楼位于主楼两侧，分别是侍从、警卫人员的住所及工作室。主楼坐北朝南，由造型不一的东、西、中三个单元组成。主楼东侧二楼原是蒋介石、宋美龄的卧室及卫生间，且有一秘密通道，发生紧急情况时可从暗道直达楼外。现在卧室与卫生间已打通，成了学生们练琴的教室，只有暗道仍然保留着。

主楼南面原有一占地 30 多庙的大花园，现已大大缩小，只有三四亩大。顺着花园往前走几十步有一泓池水，池水旁有一前一后、一大一小两座太湖石假山，在一块假山石上，刻着蒋介石亲笔题写的“爱庐”两个大字。爱庐的法国瓦屋顶、卵石墙面都是富有特色的建筑元素。1994 年，爱庐被列为上海市第二批优秀历史建筑。分布在附近东平路口的10多栋花园别墅，都是宋家、孔家和陈立夫、陈果夫留下的老房子。

爱庐曾经是宋子文送给妹妹宋美龄的结婚礼物。

蒋介石与宋美龄结婚前，在上海的住所大多是临时的，直到 1927 年婚后，才在上海真正安置了一个家。蒋介石将上海这所住宅称作“爱庐”，它与庐山牯岭别墅“美庐”，杭州西湖别墅“澄庐”，三庐鼎足而立，煞是有趣。也不难从中感受到其新婚的浓情蜜意。

宋美龄 1899 年 3 月 23 日生于上海，10 岁时就远度重洋到美国去留学，与姐姐宋庆龄一起在威斯理女子大学就读。1917 年，宋美龄赴美留学 10 年归来。回国后，先后在上海基督教女青年会和全国电影审查委员会工作，期间表现出了良好的工作能力。名门闺秀，学贯中西，待字闺中，仪态万方，很自然地，宋美龄就在十里洋场成为众多青年才俊爱慕与追逐的对象，其中当然也包括蒋介石。

作为孙中山的妻妹，当然已经让掌握了精锐“党军”的实力派蒋介石掂量出了宋美龄的分量，因为她背后是孙中山这笔巨大的无形资产。宋美龄的父亲宋嘉树是上海拥有五六十万两白银财富的出版商和企业家，也是孙中山的密友，曾真诚地支持过革命事业。就这样，蒋宋婚事使蒋介石与这个当时中国最显贵的家庭紧紧族连在一起，随之而来的是声名远扬，社会地位的提高。可以说，宋美龄是蒋介石崛起的重要力量。

但是，蒋宋之间的爱情，与其说是蒋介石苦追佳人，不如说是郎有情妾有意。

虽然，宋家在大上海算不上超级富豪，但革命新贵的家庭背景还是很让人瞩目。当时的蒋介石已经成为国民党内部掌握军权的实权派人物，所以说，蒋宋联姻，获益不仅仅是蒋介石一人，同时也为宋美龄提供了成为当代中国政治女强人的机缘。所以，尽管蒋介石在当时曾受到一些排挤，但依旧是一支不可小觑的潜力股，宋美龄着眼大局，胸怀千里，自然不会在意他曾有过妻妾。就这样，她押中了这支股！

这桩联姻并非像有人说“中美合作”的国家代名词那么夸张，而只是两个人的名字里有“中”字和“美”字而已，但冥冥中倒是一种巧合，毕竟宋美龄和美国的关系非常近。

“中美合作”的政治联姻被世人嘲笑缺失爱情，对此，宋美龄一肚子委屈。她曾清楚明白地辩白道，“我觉得他比二姐夫孙中山帅多了，我对他简直是一见钟情。”1933年在重庆时，她曾对人谈起和蒋婚恋的经过，说她之所以爱上蒋介石，最根本的原因是她自幼就崇拜英雄。她说她的婚姻决不是大姐宋蔼龄促成与包办的，自始至终是自己主动的。

宋美龄的这种不听父母之命、坚持婚姻自主的心态，与她少女时代在美国接受的文化背景是一脉相承的。一个是浙江人，一个生长于大上海，江浙文化和语言是相通的，又因为姐夫孙中山是蒋介石誓死效忠的领袖，这其中的亲近自然又多了几分。

在政坛博弈的格局上，彼此都如虎添翼，虎借风威，这些都是事实。

所以，宋美龄在这里强调爱情，多少显得有些矫情，而且，相信他们是出于爱情而结合的人真的不多。

可是，Why not？为什么不相信呢？

本来每个人的爱情观都不一样。名花配佳人，宝剑赠英雄。在他眼里，她美艳如花；在她眼里，他意气风发，这样，已经足够了。

蒋介石对宋美龄一见倾心，苦苦追求了好几年，并承诺为她休妻抛妾，甚至可以一同随她皈依基督。终于，蒋介石的不懈追求有了结果。1927年9月，他从奉化回到上海，与心已归属的宋美龄相会。9月16日，由宋蔼龄出面，在西摩路宋宅举行中外记者招待会，正式向各界宣布两人已经定情，将喜结连理。与此同时，蒋介石在军队和政治上也逐渐开始崭露头角。

“爱庐”平时由蒋介石副官蒋富寿看管，宋美龄常来此小住，并将母亲接来同住。虽是西式房子，墙上的画却还是名贵的中国字画。宋美龄给予侍卫的生活待遇还是颇为优厚的。不过，20余年间，蒋介石入住“爱庐”的时间其实并不多，来时则接见一些沪上人士或南京政府要员，故有“蒋介石行宫”之称。

宋美龄曾向蒋介石提出最好用几个女侍卫，蒋介石指着孙宗宪等男侍卫说：“他们都年轻活泼，有文化，又会打枪，不是很好吗？”宋美龄微笑不语，也就不再提了。

1949年5月5日，政治失意的蒋介石带着蒋经国在拜别了宋美龄的父母在上海的墓地之后，也没忘记去看“爱庐”一眼，睹物伤情，以戴罪之身离开大陆，不知道什么时候才能回来，仓皇辞庙日，但觉凄凉和愧惶。

这时，宋美龄尚在美国到处寻求帮助。

飞燕不觉秋日晚，多情缱绻总因缘

名媛时代的宋美龄额前有一缕刘海，眼神不胜娇羞纤弱，仿佛期待一个强有力的男人的保护。而事实上，她的内心相当成熟。宋氏三姐妹的早熟一部分来自于天资聪颖，一部分来自于早早就留学美国，见多识广。再加上接近的是当时中国革命洪流的中心，宋霭龄和宋庆龄先后做了革命领袖孙中山的秘书，这样的耳濡目染，怎能让宋美龄的识见不高于常人呢？

宋美龄的理智和稳妥在处理个人问题上已经显露出来。那个时代，女人嫁给功成名就的男人时，那个男人多半早已经有了妻妾，女人没有魄力也似乎不忍心叫男人抛家弃子，殊不知，当断不断，反受其乱，这婚姻生活里漫长的矛盾像一把杀猪刀磨掉了所有人的生气和热情。这第一夫人的潜质便是与众不同，她要他以清白之身来娶她，否则坚决不嫁。

额前的刘海、娇羞的眼神勾画出了少女时代的宋美龄

她知道，蒋介石于私情于

公事都迫不及待需要她来坐上第一夫人的宝座，所以，这个时候，抛出对等条件再合时宜不过。而他，已然答应。革命，先革自己婚姻的命，没有怜惜，只有怨恨，没有同情，只有驱逐。反过来说，爱情的动力真是大过航空母舰啊。

中国古代男尊女卑,一直到民国时期,男人都可以拥有三妻四妾。但是,基督教主张一夫一妻，宋美龄全家都是基督教徒，而蒋介石此时已经有了一妻二妾和两个儿子，于是，宋母一万个不答应。

当蒋宋二人关系日渐亲密，开始谈婚论嫁的时候，陈立夫代表蒋介石去和蒋介石妻子陈洁如摊牌。陈洁如当时的态度很好，她说蒋介石做了中国的统帅，应该有一个像样的女人做太太，我知道我的身份，我愿意退让，我愿意到美国去念书。

陈洁如如此爽快,是因为蒋介石信誓旦旦地对她承诺,只要她避开 5 年,他把国家理顺了，就来迎娶她。言之凿凿，不由她不信。这真是一个有情有义的谎言，但她忘记了一个前提，唐高宗去迎回寺庙里带发修行的武媚娘，是因为武媚娘媚得叹为观止，手段又高人一等。她有的，宋美龄都有，她没有的，宋美龄也有。可以想见，5 年期限后的每一天每一夜，她是怎样的难熬，每天失望痛苦之余，就在为蒋介石找出无数的借口来解释给自己听，唯独想不到的是他已经找到了真爱。那些当年苦苦的追求和恩爱，难道都不是真的吗，她不信。

后来的后来，陈洁如在香港安度晚年，蒋介石托人带给她一封信，信上说，“往日所受照拂，未尝须臾去怀。”这句客套话却让陈洁如感动落泪，她回信说，“我受的委屈，唯有君知。”蒋介石那句，真是有外交辞令的嫌疑啊，那时，作为黄埔军校校长夫人的陈洁如，常被在外行军打仗的蒋介石写信训导要学会持家理事。

蒋介石用不同办法处理了和毛福梅、姚冶诚、陈洁如的婚姻关系，他和宋美龄结婚的障碍也一一扫除了。而宋美龄也妥善安排好了初恋情人刘纪文的仕途，不但没让情敌之间发生冲突，连点硝烟味都闻不到，熟女的智慧和周到不得不让人佩服。

宋氏家族虽然有晚婚的传统，但是做一个剩女的压力宋美龄不可能感

热恋中的宋美龄和蒋介石，淡淡的幸福浮现在两人的眼底眉间

受不到，但是她依然显示了足够的耐心。太容易到手的东西总是不会珍惜的，冰雪聪明的宋美龄早已明白了这个道理，所以，在家人强烈反对他们交往的情形之下，她还是长期若有若无地和蒋介石保持着联系，让对方欲进不能，欲罢也不能。是他们的坚持感动了宋老太太，还是这本身就是一个精心的布局，只能任人揣测了，只有当事人才明白。

1927年9月23日，蒋介石出国考察前先到上海去赴女朋友宋美龄的约会。他在日记中如此记录自己的心情："与三弟叙谈，情绪绵绵，相怜相爱，惟此稍得人生之乐也。"他是称宋美龄为三弟的，真是柔情蜜意纸上扑面来。三天之后，如胶似漆的两个人订了婚。宋美龄一生的生活习惯都和蒋介石大相径庭，在写日记这事上也一样，宋美龄从没有写日记的习惯，但蒋介石却每天都坚持记日记，从未中断。遥想当时两人订婚的情景，自然有蒋介石的日记可以佐证，他记着这样的字句，"人生之乐，以订婚之时为最也。"相信这样的字句足可以佐证蒋介石确实坠入了情网，沐浴在爱河里。而宋美龄也是一样，品尝着爱情的甜蜜。

当时，《申报》上连登了三天的《启事》，"民国十年，原配毛氏，与中正正式离婚。其他二氏，本无婚约，现已与中正脱离关系。现在除家有二子外，并无妻女。惟传闻失实，易滋淆惑，专此奉复。"

这正是宋美龄想要的结果。不难想象，也许这不过是宋美龄巧笑嫣然间的小小要求吧，但这样的白纸黑字却比蒋介石对陈洁如的口头承诺要正式得多，管用得多。据说陈洁如听到这个消息时，正在赴美的船上，她当即体味到书面和口头的差异，一颗芳心顿时凉了半截，几次欲跳海自尽，最后被同行的张静江的女儿拦下。对于薄情的男人来说，只会听见新人笑，哪会听得旧人哭呢？

宋美龄虽然在娘家是做妹妹的，但很会关心别人，对自己男人的体贴关怀更是散发着母性的光辉，这让蒋介石这个从小和母亲生活在一起的男人找到了温暖。在他心里，没有别的女人能超过妻子。西安事变的时候，他在给两个儿子的遗书中写道：“我一生唯有宋女士为我唯一之妻，如你们自认为我之子，则宋女士亦即为两儿之唯一之母。我死后无论何时皆须以你母亲宋女士之命是从，以慰吾灵。”人之将死，其言也善。他怕她当后妈为难，所以对儿子千叮万嘱，还加上一个“无论何时”的形容词，这份情足可感知。

爱情絮语

爱情是疯狂而感性的，婚姻则是平静而理性的。那么，婚姻该把爱情关在门外吗？很多人纠结于这样的问题，想不明白这个难题。其实，这样想不过是将这个问题极端化了而已。如果一个完全不适合婚姻的对象，却让自己爱到浑身受伤而无法放下，那就学学宋美龄吧。

◎ 待君卿未嫁　情路砍荆棘（上海）◎

【马立斯花园玫瑰厅】

英式风格的私人花园别墅，现为上海瑞金宾馆（上海市瑞金二路 118 号）

春去心池千褶皱，何当绮户他年叩

上海瑞金宾馆的前身是1917年本杰明·马立斯家族修建的私人花园别墅，拥有英国古典式建筑风格，占地近400000平方米，主要由四栋风格迥异的老别墅组成，园内更有占地约70000平方米的大花园。马立斯花园内亭、台、假山、小桥、流水，四季景色宜人。1号楼与2号楼联接成“L”形，富于变化又充满和谐。

现在，上海瑞金宾馆全称为上海瑞金洲际酒店，是一家花园别墅式宾馆，是独家呈现老上海雍容华贵的历史经典酒店，在原有四栋经典别墅之外，又建造了主楼与贵宾楼。

宋美龄与蒋介石的结婚照，有情人终成眷属

1927年，蒋介石和宋美龄在马立斯花园玫瑰厅举行了订婚仪式。

人生若只如初见。还记得那是在1922年的12月，住在上海莫里哀路，即今天的香山路的孙中山在家中举办了一场社区基督教晚会。晚会上，蒋介石初次见到宋家三小姐宋美龄，立即被她美丽的容颜、雍容华贵的气质所吸引，这样的新女性他见得不多，自己的三个妻妾都是老派女人，谈吐当然逊色很多，陈洁如虽青春无敌，但仅此而已，而眼前的这位女性，一颦一笑都妩媚至极，牵动着他的心。此前，宋美龄曾多次听到二姐夫孙中山夸奖蒋介石，说他是个了不起的人才。这一次亲眼得见，她感到他确实气度不凡，因此当即表示出好感，几度用上海话和他交谈。分别时，宋美龄还应蒋的要求，给他留下了联系方式，含羞浅笑间似乎也蕴含着些许鼓励之意。后来她母亲过生日，也是她主动电话邀请蒋来家做客。

不久，蒋介石向孙中山透露了自己对宋美龄的爱慕之情，希望孙中山做个月老，并称自己与原配毛福梅已经离婚，与侍妾姚冶诚断绝关系，不过，他并没有提到才新婚一年的第三任妻子陈洁如。这样的言辞真是好笑，但非卿不娶的强烈却清晰可见。

孙中山表示此事需要和夫人宋庆龄商量，征询她的意见。宋庆龄听后，差点从椅子上跳起来，她态度鲜明，坚决反对小妹与蒋结合，说她宁可看到美龄死，也不愿她嫁给这个在广州城里有不少情妇的男人。

孙中山非常宠爱娇妻，所以，也不愿帮蒋介石说媒了，便顾左右而言他地把这件事敷衍了过去。相信蒋介石是个明白人，知难而退，不了了之就算了吧。谁知，蒋介石并不死心。因为，他从宋美龄的眼神中看到了爱情的曙光。

1927 年，蒋介石担任北伐军总司令，率军攻下上海，权势一度达于鼎盛。他底气足了，腰杆也硬了，于当年 4 月底 5 月初，堂而皇之拜访了位于西摩路（今陕西北路）的宋家宅院。

这次他是来正式提亲的。

他向宋家人表达了自己对宋美龄的爱慕之情，并提出了求婚要求。此时，宋美龄的父亲已经过世，一家之主是母亲，当然必须征得母亲同意。在宋家召开的家庭会议上，大家发表了各自不同的意见，大姐宋蔼龄支持小妹与蒋结合。但宋庆龄与宋子文持反对态度，母亲倪桂珍以蒋介石已结过婚，又不信基督教而断然否决。于是联姻一事便搁置下了。

后来，蒋介石因宁汉分裂，被迫下野，辞去了国民革命军总司令职务，跑到奉化雪窦寺聊避世事。但这不过是他以退为进的权谋策略，他依旧牢牢掌握着党政决策权。所以，他在那封举世闻名的情书中，尽管言辞卑微，但字里行间却都透露出一般人觉察不出的气定神闲。

“吾今无政治活动，惟念生平倾慕之人，厥惟女士。前在粤时，曾使人向令兄姊处示意，均未得要领。当时或因政治关系，顾余今退而为山野之人矣，举世所弃、万念灰绝。迄今思之，所谓功业，宛如幻梦。独对女士才华容德，恋恋终不能忘。但不知此举世所弃之下野武人，女士视之，谓如何耳？”

文字朴实，个别句子有一唱三叹的韵律之美，比如那句“恋恋终不能忘”,情深款款,美轮美奂。又大打悲情牌,以落魄之身来博取女性的同情心，此牌既出，若不接牌，岂不显得被追求者是嫌贫爱富的势利之人吗，若被追求者接住此牌，又给足了别人面子，这是纯纯的爱情耶，不是你们世俗所想，这便是高明之处。

宋美龄嫁给蒋介石之后不久，蒋介石便在南京中央党部大礼堂里举行了就任国民革命军总司令的就职典礼。江山美人兼得，一时春风得意，风光无限。宋美龄果然给蒋介石带来了好运气，而且更大的运气还在后面。

当然，这些都是后话，现在，我们还是先回到他们结婚前，看看他们的第一次亲密接触。

鸟语缠绵聆若醴，情到浓时良辰短

爱情中的女人，总是愿意听支持自己的人的话。宋美龄那一阵也总是和支持自己的大姐霭龄在一起，所以蒋介石要见心爱的人，总是要一并见宋霭龄的。那是1926年的盛夏，思念就像夏日的青草，在疯狂地生长。宋美龄和蒋介石压抑多年的情感像开闸的洪水一样，一发而不可收。电话加书信，蒋介石开始了对宋美龄的热烈追求。

1927年5月，宋美龄接到蒋介石的邀请，一起到镇江的焦山游玩。

这一年的上半年，蒋介石领导的北伐军势如破竹。3月22日占领上海，3月23日占领南京。蒋介石成为全中国最受瞩目的人物，也是当时全世界最年轻的革命领袖。5月，南京国民党中央批准蒋介石休假10天，他利用这一最佳时机，吩咐卫队长宓熙赴上海邀请宋美龄作焦山之游。

焦山位于江苏镇江，是长江中的一个小岛，又名“浮玉山”。山上有座寺院，是东汉时期便已存在的中国最早的寺庙之一。游人不多，风景优美，环境非常幽静，是理想的谈情说爱之处。《白蛇传》和三国时刘备“智赚孙尚香”的故事都发生在这里，镇江无疑是一个浪漫之城，最适宜求爱。另外，从地理位置看，镇江靠近南京，属于蒋的势力范围，可以从容布置防卫，若有突发情况发生，也方便应对。

5月13日，宓熙从南京来到上海，面见孔夫人宋霭龄，递上蒋介石亲笔信。还说已经预备了一辆蒋总司令上次坐过的花车，挂在开往南京的特别快车车头后面。这种约会的规格自然让宋氏姐妹欣喜不已，要的就是这个范儿!

“蒋宋在焦山，每天早出晚归，游览这一带的名胜古迹。某一天，来到一个清朝大员的旧宅游玩，看到一幅唐伯虎字画赞赏了一番，中午到一个有名的馆子吃饭……”在晚年的文章中，一直陪护在两人身边的宓熙写下了这番回忆文字。

宋美龄是个虔诚的基督徒，因此两人在寺中并未烧香拜佛。但蒋每每会在清晨5点左右起床，一个人坐在庙堂门前的石栏上，听僧众诵经礼佛。他还曾在寺中一幅古时字卷上留下了自己的签名印章。蒋介石几乎每到一处景点，总能以一番说辞逗得宋美龄开怀大笑。据说，这都是事先背好的。蒋介石更牵着佳人的手登舟尽享湖光山色，在渔船上享用刚刚捕捞的鲥鱼，其味鲜美让宋美龄直到晚年仍念念不忘。

两人经过这番朝朝暮暮的相处，感情渐入佳境，到5月25日分别时已是“非伊不娶、非君不嫁”了。

1927年6月的一天，蒋介石要赶一趟8点的火车去杭州参加市民大会，途径上海的时候已经是凌晨3点。刚刚入睡的宋美龄听到敲门声，不由狂喜，见到憔悴的心上人，宋美龄几句温言软语，就让蒋介石疲惫尽消。

7月3日，蒋介石为参加上海特别市市政府成立典礼，提前到沪争取银行家的支持。两天后，蒋介石设晚宴款待上海商界。次日上午，蒋介石在上海新舞台召集党员大会，发表讲演。即使如此忙碌的行程，他还是工作爱情两不误，一忙完工作就约上宋美龄，有时候一天要见几次面。那时候的两个人基本上每天都要黏在一起，热恋中的人大概都是这样的吧。

9月28日，蒋介石东渡日本，宋美龄泪眼婆娑，两人难舍难分，拥抱许久，方才洒泪而别。

爱情絮语

跟唾手可得的东西相比，辛辛苦苦追求得到的东西自然会更珍惜一点。所以，爱情长跑不是什么坏事，关于这一点，女性要特别记得。矜持是女人的专利，也是女人保鲜爱情的“利器”。

七年相思路 一朝披霞帔（上海）

【大华饭店（Majestic Hall）】

宋美龄于1922年与蒋介石初次见面，被蒋介石热烈追求。宋美龄要求蒋介石必须先行与所有妻子妾侍解除婚约才答应他的追求，二人于1927年12月1日在上海大华饭店举行结婚仪式，此一结合曾被一语双关地称为"（蒋）中（正）（宋）美（龄）合作"

大华饭店是20世纪初期上海的一座豪华酒店。它的前世今生说来话长。

19世纪末，上海道署下设的洋务局迁至沪西静安寺路，并在西侧戈登路口也就是今南京西路江宁路口建造西式花园住宅。辛亥革命期间，上海军政府将其没收，出售给英国商人麦边，因而得名麦边花园。1922年，麦边花园被改建为豪华的花园式旅馆，取名大华饭店，主建筑为一座假三层的欧洲古典主义建筑，底层为大型宴会厅及舞池，周围是大片草坪，占地4万平方米。1925年，大华饭店开设了露天电影放映场。

1927年12月1日，蒋中正和宋美龄在大华饭店举行婚宴。

1929年，大华饭店易主，随后饭店建筑被拆除。1930年初，工部局在此修筑了两条马路：大华路（今南汇路）和麦边路（今奉贤路），沿路改建市房。面向静安寺路（今南京西路）的空地，由宁波商人陈占熊开设维也纳舞场；面向戈登路（今江宁路）的空地，1935年由广东商人江耀章开设大都会花园舞厅，八角形建筑。1952年，大都会花园舞厅停业，改设书场。1988年又改设大都会欢乐园，八角形建筑于1993年拆除，改建成梅龙镇广场大厦。

飒意千樽燕北雪，秋水浅盈烟雨漏

宋美龄的母亲倪桂珍当时住在神户的有马温泉养病，因此，蒋介石到日本后的第一件事情就是探望倪桂珍，请她同意婚事。此时，倪桂珍已被女儿们说服放弃了原先的主张，表示同意，这让蒋介石兴奋异常，回到下榻的旅社，情不自禁地对旅社老板娘说："成功了！婚约成功了！"

蒋介石原来打算在日本结婚，然后与宋美龄结伴赴美。但是，老太太不赞成女儿来日结婚，蒋介石不死心，他立即致电在上海的宋美龄，详述自己一时不能归国的实情，要她"速来"。在日本结婚怎么能办盛大的婚礼呢，再说母亲都不同意，女儿又怎会违背呢？宋美龄一封电报拍到日本，劝蒋介石再忍耐下，九十九步都走了，还在乎这最后一步吗。看到这样的电文，蒋介石心里不免有些小小的失望。他可真是想结婚想疯了。

下午，蒋介石第三次拜见倪桂珍，发现老太太很高兴，目不转睛地盯着自己瞧，看得蒋介石很不好意思，日记云："未免令新婿为难。"蒋介石用"新婿"这样的字眼称呼自己，想必已经认定自己和宋家是一家人了，只不过缺了个形式而已。

宋美龄时不时就有电报过来，嘱咐他利用这个时机，好好陪陪未来的丈母娘聊聊天，和未来的小舅子宋子文搞好关系。过去，宋子文站在武汉政府方面，与蒋介石对立，后来又不赞成妹妹和蒋介石的婚事，然而这时已经尽释前嫌，谈得很是投机了。

这一时期，国民党内部派系纷争，无法调和，阎锡山、冯玉祥等人纷纷要求蒋介石回国，因此蒋改变计划回到了上海。憔悴不堪的宋美龄，一见到他，眼泪汪汪的，倒让他的眼眶也红了，心中不胜怜惜。从此，相思病痊愈。

11 月 14 日，宋美龄让蒋介石以女婿的身份祭扫岳父宋嘉树墓地。当晚，孔祥熙做东，宴请即将成为自己连襟的蒋介石。11 月 26 日，宋美龄和蒋介石一起到祈齐路看新房。两个人行程满满，为结婚做准备。他们在报上刊登《启事》，声明不收婚礼，凡有馈赠，请移作修建“废兵院”费用。

1927 年 12 月 1 日，蒋宋在上海结婚。婚礼分两次进行：先在宋宅举行基督教式的婚礼，宋美龄的前任男友刘纪文任傧相。蒋锡侯夫妇、孔祥熙夫妇主婚。仪式过后，新郎新娘乘坐 7392 号花车马不停蹄奔赴大华饭店出席中式婚礼。

婚礼殿堂设在大华饭店跳舞厅，这是当时上海最豪华的西式大饭店。来宾如潮，衣鬓云影，要凭盖有宋子文私章的请柬才能进入。蒋锡侯、宋子文代表男女两家主婚，蔡元培、谭延闿、王正廷、何香凝、李德全等证婚，邵力子司仪。

下午 4 时 15 分，乐队奏起了门德尔松结婚进行曲，宋美龄挽着宋子文的手臂姗姗而出，白纱斜披在身上，头戴小花冠，手捧一束粉红和雪白相间的玫瑰花，10 岁的孔二小姐珍妮和少爷孔路易随在身后司纱。

喜今兹约指铃章，用证鸳鸯之牒。卜他日齐眉益算，覃敷鸾凤之祥。宋美龄的婚姻高度和两个姐姐相比，终于在一个层次上了。选择一个男人就是选择一种人生，这也是她没有将自己早早嫁掉的原因，婚姻就是一场豪赌，她准备好了。

婚礼完成后，二人共同乘坐新买的汽车兜风。当晚，到宋宅赴晚宴，然后回自己的新房。次日，两人在家哪儿也没去，卿卿我我地拥谈，蒋介石颤抖着幸福的手指在日记中写下这样的话：“乃知新婚之蜜，非任何事所可比拟。”

当天，报纸上出现了蒋介石写的《我们的今日》，“余奔走革命以来，常于积极进行之中，忽萌消极退隐之念，昔日前辈领袖常问余，汝何日始能专心致志于革命，其他厚爱余之同志，亦常讨论如何而能使介石安心尽革命之责任。凡此疑问本易解答，惟当时不能明言，至今日乃有圆满之答案。”

这段话引来无数革命者的质疑，难道非要找到美满婚姻之后才能安心革命吗，倘若如此，媒婆的生意岂不要兴旺发达？然而，蒋介石的幸福快乐的确溢于言表，幸福满满地，好像一张嘴就会漏出来。

婚后，新婚夫妇住在上海拉都路 311 号。

由于宋美龄不愿意写回忆录，所以，所有的当时情景只能通过蒋介石的日记和别人的回忆来搭建。

| 爱情絮语 |

婚礼盛大与否跟两个人的感情是否深厚其实没什么必然联系，但是，一个男人要是连讨女人欢心的想法都没有，作为女人就该检讨自己是不是把他给惯坏了，只奉献不索取是很伟大，问题是，男人会领情吗？

◎ 憩庐女主人　凤仪倾众生（南京）◎

【黄埔路官邸，又称憩庐】

憩庐即蒋介石黄埔路官邸，位于今天的南京军区司令部内。1929 年 7 月 12 日动工，同年 10 月 14 日落成。蒋介石宋美龄夫妇不久搬入居住，一直到 1949 年离开大陆，这里一直都是他们的家

当年醉花阴下，一曲更胜酒一杯

婚后的宋美龄凭借流畅的英语和个人魅力，充当了蒋介石外交助手的重要角色。斯特林·西格雷夫在《宋家王朝》这样说："美龄成了'花生

豆'向西方说明情况的译员。这让人感到好像是美国学院的一位聪慧的女子已接管了中国，并对这个神秘复杂的国度里的事务的真伪做现场的连续评述。”她经常参加蒋介石的各种会议和宴会，既是第一夫人，又是蒋介石的私人秘书，于公于私，都是蒋介石须臾不可离开的人，即使是在一些军事行动中也是形影不离。艰苦的行军条件，对在优裕环境中长大的她而言，无疑是严峻的磨炼。

1927 年 4 月，国民政府定都南京。初抵南京的蒋介石，暂时安身在城南三元巷的一所老房子里，但宋美龄嫁过来了，蜜月度完之后，香巢筑在哪里呢？这时，由孙中山创办、蒋介石担任校长的黄埔军校，也正式落户南京了。军校更名为中央陆军军官学校，校址就在南京城东的黄埔路，军校和国防部一墙之隔，这里绿树成荫，行人稀少，而且靠近总统府等国民政府的核心办公区。

为了兼顾工作和居家，蒋介石干脆决定将新家建在陆军军官学校内，这个黄埔路官邸又被称作“校长官邸”，它还有一个雅号叫憩庐。宋美龄于是成为憩庐的女主人。

黄埔路官邸于 1929 年 7 月 12 日正式开工，同年 10 月 14 日落成。建筑座北朝南，砖木结构，楼高二层，地下一层，是典型的民国时期中西合璧风格建筑。其中，主楼建筑面积 270 平方米，外观呈赭红色。当年，主楼耗银一万六千余两，装饰又耗银五千余两。

如今，憩庐身影却是很难寻觅，它在今南京军区大院内，一般人是不能靠近的。

站在绿树掩映的楼房前，仿佛时光倒流，往事触手可及，处处都弥漫着一种神秘的气息，岁月的河无声流过，就像风拂过树叶，就像阳光和草坪上斑驳的阴影在低声细语。

从 1929 年到 1949 年，这里一直是宋美龄夫妇在南京的家。

官邸的第一层为公务会客与办公场所。主楼一楼的东侧是客厅，当年放有红木茶几与高背靠椅；客厅墙上悬挂着孙中山与蒋介石的大幅合影照——孙中山穿着中山装端坐，身着戎装、佩带宝剑的蒋介石侍立于侧后。照片两边悬挂着孙中山送给蒋介石的手书条幅：“安危他日终须仗，甘苦来时要共尝。介石吾弟嘱书。孙文。”蒋介石的办公室设在憩庐客厅里，共有两间，第一间是他白天批阅文件及与军政要员会谈的地方，由此进入第二间，两室陈设相似，但第二个内室，必须是蒋介石亲自邀请的，或者是特别指明的人，如何应钦、刘峙、顾祝同、陈诚、白崇禧、钱大钧等高级官员才能入内。

一楼西侧是一间小客厅，内设柚木桌椅，一排长窗使室内显得明亮优雅，墙上挂着意大利画家的风景画，这是女主人宋美龄的会客室。她常常在这里会见闺中女友、大使夫人。

客人来的时候，大都有专车接送。一般来说，车子是不能开进大门的。不过，对于国民党元老级人物、各省府主席和重要的外宾，经特别允许，车子是可以直接驶入憩庐的。东南西三面都有拱门，可供车子自由进出，方形门廊大概有几平方米大小。 这些贵宾的车子，经常停在南门的门廊里。

官邸楼上是一间大卧室，卧室的北面分别有两扇门通向盥洗间和卫生间， 盥洗间里面的大浴缸非常特别，是西欧进口的钢浴缸。卧室外面也有一间客厅，这里专门接见内亲或特别邀请的客人，侍从副官及秘书一般不得随意上楼。卧室的东面是一个大平台，蒋介石早晨常在这个平台上休憩看报。

憩庐门廊前面是一个直径15米的大花坛，花坛中央的大雪松如今需两人合抱，而在20世纪30年代拍的憩庐照片中看，它还是颗树苗呢。

蒋介石在南京时，大部分时间在憩庐，只有在接见外宾，接受外国大使递交国书以及召集重要会议等活动时，才在总统府露一露面。从憩庐到总统府，只需几分钟的车程，但每次都由总务局事先周密部署 ，沿线黄埔路、中山东路、汉府街，实行半戒严，进入国府路后，则是全戒严。

从老照片一路看来，宋美龄婚后的面容妩媚之情有增无减，生活的甜蜜让旁人也能感受得到。由此想来，若心情好，女人是会越来越美的。她在政坛游刃有余，蒋介石似乎也越来越习惯夫人涉政，他自己不想见或不方便见的人，由于有了夫人这块软软的草坪，有了隔离区域，他可以更加保持统帅者的神秘和威严。而宋美龄也会操着这样的口吻，亲往受伤者的病床前慰问说，我代表他来看看你。严格说起来，夫妻双方是算为一体的，互相可以代为办理事宜，只是，中国女性的地位几千年都是卑微低下，就连皇室，也严守后宫不参政的规矩，越雷池者死。然而，时代不一样了。

在憩庐主楼的东北方向，还有一栋两层副楼。它建于1930年1月，有各种房间103间，是警卫和保障人员的宿舍，一楼还设有大型舞厅，宽大舒适，气派非凡。当年，蒋经国回国后，曾与夫人蒋方良在此居住。后来，蒋经国在憩庐南侧300多米的地方另建住所，盖好后，就搬出了憩庐。

百感萦千眷，春梦如花花又见

宋美龄嫁给了掌握军权的丈夫，在乱世的中国无异于握住了权杖之柄，但这和平常的婚姻是不同的，大风险带来大收益，无风险也就无收益，对于她这种智慧与美貌并存的女人，早应有了这样的思想准备。她几次向死神冲了过去，可死神也眷顾了这一奇女子。

婚后，她陪着丈夫东奔西走，穿着宋家女子一贯的长及脚踝的长款旗袍，花样都是最新式的，流弹、刺杀，枪林弹雨中竟然安全无恙。震惊中外的西安事变爆发，她决意前往协调，不只是因为张学良是她相熟的干姐妹于凤至的夫君。

1936年12月12日，张学良、杨虎城扣押了前去西安“督战”的蒋介石。此时的宋美龄正在上海开会讨论改组“全国航空建设会”的事宜，当她从匆匆赶来的财政部部长孔祥熙口中得知这一消息后，十分震惊。但她很快收拾起纷乱的心情，于13日赶回南京的黄埔路官邸。从13日到22日，宋美龄频繁奔走于中山东路的孔祥熙公馆、北极阁的宋子文公馆、汉口路的何应钦公馆等处，周旋于国民党各派之间，商量营救丈夫的对策。

就在宋美龄四处奔走时，被幽禁在西安的蒋介石也给妻子写来了手书，称：“余决为国牺牲，望勿为余有所顾虑。……对于家事，他无所言，唯经国、纬国两儿，余之子亦即余妻之子，望视如己出，以慰余灵。但余妻切勿来陕。”

当蒋被扣押后，国民党一片混乱。以亲日闻名的何应钦联合戴季陶等，主张“讨伐”，空袭西安，并电促汪精卫自德回国；以宋美龄、宋子文、孔祥熙代表的亲英美派，力主用和平方法解决，营救蒋介石。鉴于何应钦当时任军政部长，怕他遽然下令轰炸西安，宋美龄亲自出面，以第一夫人身份召开黄埔系军官和空军人员会议，指令他们拒绝何应钦可能下达的命令，并请蒋介石的外国顾问澳大利亚人端纳先行赶赴西安，居中调停。

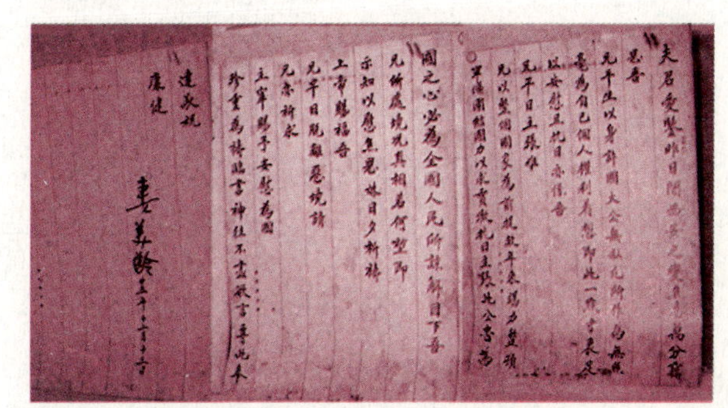

西安事变中宋美龄写给丈夫的亲笔书信

12 月 14 日，端纳与被押的蒋介石见面，递交了宋美龄的亲笔信，告蒋“南京方面是戏中有戏”。蒋介石见宋美龄信后，立即以手令命何应钦停止军事行动。12 月 20 日，蒋介石收到宋子文捎来的宋美龄亲笔信：“如子文三日内不回京，则必来与君共生死！”宋美龄不顾蒋介石劝阻，毅然乘飞机于 12 月 22 日下午四时抵达西安。下飞机前，她对同行的端纳说，如果有人要侮辱我，你就用这把手枪打死我。那种坚决的语气让西方人端纳不由一震，中国女人的名节就是胜过生命的东西。

当她强打精神走进囚禁蒋介石的卧室时，蒋介石甚至觉得是在做梦，恍如隔世般泪流满面。

经过多天的交涉后，12 月 26 日宋美龄终于以她的机智和勇敢把丈夫安全地送到了自己的家。下午，党政军要人争先恐后地到憩庐来请安问候，航空委员会甚至派出飞机在憩庐上空盘旋致敬，热闹地庆祝了一番。

那时，蒋介石的两个儿子蒋经国和蒋纬国都已分开另住，大风大浪之后可以享受两人世界的恬静。宋美龄常常陪同丈夫在假日去离憩庐不远的励志社看电影、听戏、听音乐。宋美龄喜欢跳舞，但因为是“第一夫人”，不会随便屈尊与人跳舞，因此只能在这里的舞厅和一些自己熟悉的人跳。蒋介石不苟言笑，宋美龄则相对比较活泼，两人一中一西，一静一动，倒也相得益彰。

1936年，宋美龄出任航空委员会秘书长，组建空军，她邀请美国陈纳德将军到中国当空军顾问，并组建了“飞虎队”，被称为“中国空军之母”。1937年“八一三”淞沪大战爆发后，日机频频空袭南京。宋美龄经常不顾丈夫和董显光等随从人员的再三劝阻，驱车去南京大校场机场和九华山、雨花台等处防空阵地，慰问抗日将士。

1948年3月29日，“行宪国民大会”召开，蒋介石当上第一任“行宪”总统，憩庐随之成为名副其实的“总统官邸”。1948年下半年，国民党政权岌岌可危，蒋介石准备下野，11月宋美龄访美争取外援，行前曾对侍卫长俞济时说：“将来离京时，官邸家具，照旧放置，不可搬动。”对于局势，她看得很清楚，只不过困兽犹斗，再做一次也许是徒劳的努力罢了。

好景不长，1949年1月21日，蒋介石宣告引退，宣布“引退”的地点便是憩庐，他黯然神伤地离开了这座“总统官邸”，宋美龄后来则是直接从美国飞到了台湾，他们再也未能重睹憩庐的身影。

| 爱情絮语 |

婚姻也是要经营的，明白自己的男人最需要什么，而又能满足这种需求，这样才算是一个聪明的妻子。与其让他深深地感动一次，不如让他对你形成依赖，精神上也好，事业上也好，生活上的照顾也好，那才是相濡以沫。

◎ 绮丽美龄宫　乱世有佳人（南京）◎

【美龄宫】

南京明孝陵四方城以东 200 米处小红山上的美龄宫

轩外憩，月明空花满寂

作为国家级文保单位和南京最具影响力的民国建筑之一，2013年，建成82年的美龄宫在头一回长达9个月的大修之后焕然一新，重新贴金及彩绘面积近达50%。房间陈设也几乎恢复到民国“第一夫人”在此小住时的样子，加上宋美龄复制手稿等展品，在这座结构精妙的“宫殿”里，蒋宋夫妇的家庭生活向世人重现。2012年美龄宫建筑设计蓝图被首次发现，这为美龄宫的全面复原提供了宝贵的依据。

当年号称远东第一别墅的美龄宫要说是一座宫殿也不为过。1931年，耗资36万银圆，占地100余亩的美龄宫开始修建，由于建造过程中经费大大超支，拖到1934年才完工。建成后的美龄宫位于明孝陵四方城以东200米处的小红山上，依山而建的宫殿式建筑外观富丽堂皇，极富民族气韵。美龄宫见证了那个烽火硝烟的年代的激烈动荡，西安事变、淞沪抗战，直至蒋宋夫妇从陪都重庆回到久别的南京。

1929年6月1日，宋美龄随蒋介石一起参加孙中山先生的奉安大典，见小红山一带林海浩瀚，清幽宜人，就要求蒋介石在这里建造别墅，以供两人去谒陵时半道休息。蒋介石也觉得此处风水十分适宜，便欣然同意，并让孙科着手去办理此事。宋美龄也亲自参与了设计。美龄宫院内的环绕甬道形如项链上的吊坠，而主楼就如镶嵌在吊坠之上的钻石。这一巧妙构思据说是宋美龄的创意。那时，宋美龄已经是民国时代万众瞩目的焦点，那张精心修饰的脸上，有一种天生的魅惑。多年以后，一些在美龄宫见过她的当事人发表文章回忆起当年情景，说看见她在甬道上款款走来，颇有凤仪，微笑的表情始终如一。自甬道向上，飞檐斗拱的美龄宫映入眼帘，屋顶上青绿色的琉璃瓦，色泽鲜艳欲滴。雕檐画栋之上，彩绘之多、花色之繁、颜色之艳，在南京众多民国建筑中堪称翘楚，天花板上的蓝底云雀琼花更是出自大家手笔。

每逢周末，蒋氏夫妇就会来这座行宫居住，也常常在这里接待美国大使等达官显贵。如今，美国送她的老别克汽车还停在门前，牌号军 -0385，历经几十年，车身虽已斑驳，然而，仍可想见往昔的风光。

二楼的宽敞露台有个好听的名字——观凤台。台下各种树木错落有致，挺拔粗犷的法国梧桐高耸入云。满目之间，有着帝王气象的林木绿意环绕身边。这个设计成品字型的露台，可使得汉白玉栏杆有重重叠叠的美感。总共 34 根栏杆立柱，每个柱头都有一只栩栩如生的浮雕凤凰。34 只凤凰遗世独立，无言地诉说着过去的辉煌。而房檐上的琉璃瓦上还有 1000 多只凤凰，有的印制在圆形瓦当上，有的在瓦头的滴水瓦上。1931 年，建造美龄宫时的宋美龄 34 岁，许多人猜测，这是蒋介石送给爱妻的生日礼物。

在那个腥风血雨、炮火纷飞的年代，宋美龄依旧可以悠闲地在观凤台上说着吴侬软语，聊天喝茶。相传她能在日本飞机轰炸时，给客人倒茶而不溢出一滴，在引导客人进入防空洞时，声调不慌不忙。在淞沪战役期间，宋美龄一直陪着蒋介石住在美龄宫，日寇飞机曾多次轰炸这里，最危险的一次，炸弹把距别墅仅 10 步之远的另一小屋炸成平地。宋霭龄极力劝说她去武汉避难，但她表示留在这里可以安定军心，让西撤的人和物资多一点时间。

灯火轩台三五盏

这座2000平方米，上下三层的小楼错落有致，装饰选材都是当时最先进的，楼梯地面用的是水磨石和马赛克，书房里有高大的西式壁炉，细节考究，复古与现代风格随处可见。西方人对东方情韵的追求，和东方人对西风东渐的欣赏，在这里完美地融合在了一起，也带动了当时的时尚。

美龄宫整体建筑分为地下一层，地上三层。沿着宽敞的楼梯来到二楼，在二楼大厅，大约数百平方米的宽敞空间是旧时举行国宴的场所。西式的长桌上摆放着欧式的餐具，高贵典雅的风格一如往昔，玉鼎翻香，红炉叠胜，时空交错间似乎谈笑声就在耳边。

三楼的布局是美龄宫真正的看点。蒋宋夫妇的卧室即在三楼，只是，两人各有各的房间，宋美龄住在东首的主卧，蒋介石睡在靠外的次卧。主卧比次卧要大很多。宋美龄每天晚上总要到凌晨一两点才睡，而蒋介石则习惯于早睡早起，通常9点多就去休息了。为了互相不影响，两人就分房而眠，但这并不影响夫妻的感情，蒋介石吃早饭的时候，宋美龄总要睡眼惺忪地陪他一起吃，然后，再回到床上继续睡个回笼觉。主卧室里，东、南面各有三扇近4米高的钢窗，采光、通风极好。东面有一宽敞的阳台，清晨的阳光带着森林的气息照在身上，呼吸一口氧气充足的清新空气，全世界好像在眼前次第打开。室内陈设古朴典雅，清一色的中式红木雕花家具，做工精湛而考究，无处不透露出当时的奢靡之风。宋美龄婚前的玉照上，是名媛式的淡淡笑容。隔壁的洗浴间很宽大，如今看似普通的白瓷面盆和浴缸全部从英国进口，在当年都是常人难以企及的。

在次卧室里，有一个西式的壁炉，这是美龄宫西式设计的要点。那顶来自美国的四叶吊扇已经有80多岁了，如今仍然能正常运转，简单的几件西式家具透出主人的军人风格。

三楼的南面客厅在抗战胜利后，开始被用作祈祷之用。凯歌堂里有一圈红色丝绒的单人沙发，每当星期日上午，蒋氏夫妇都会同高级官员中的基督徒们以及美国驻华大使司徒雷登、马歇尔夫妇等外国使节在这里做礼拜。很多美国对华经济援助的协议，就是在宋美龄的斡旋下，在做礼拜前后商定的。

三楼的私人餐厅是蒋宋夫妇享受二人世界用的，一张两人坐的小桌，简洁温馨。餐厅右边是服务人员所在的小房间，左边是配餐间，这里与地下室配膳间、厨房相连，用一小电梯相接，食品、菜肴加工好后，通过升降电梯由厨房传送上来。蒋介石也会在此宴请高级军、政要员，以示怀仁。

宋氏三姐妹千娇百媚，多才多艺，又以其巅峰的婚姻，被世人仰视。世人艳羡她们的万丈荣光，却往往忽略受过新式教育的女子的决心，只要决定的事情无人可以更改，男人战斗的地方也绝不胆怯。与蒋介石结婚后，特别是当他成为南京国民政府首脑以后，宋美龄便拥有了施展才华的平台，在政治、文化和社会活动等方面，为蒋政权做出了很多贡献。

西安事变之后，宋美龄在美龄宫三楼的作战室秘密召集孔祥熙、陈果夫、陈立夫、戴笠等十七人，紧急商议如何应对危机。南京各方派别的会议上，她声泪俱下，怒斥有人想趁机谋反。之后，她怀揣一把手枪，飞往西安美人救英雄，她说，宁抗日，勿死敌手，说服蒋介石抗日。在宋美龄的斡旋下，西安事变和平解决，蒋介石的危机得以化解，同时间接促进了国共第二次合作，也确保了张学良的生命。

宋美龄在1943年出访美国，寻求英美支持蒋介石和国民政府的抗日事业，1943年11月陪同蒋介石参加开罗会议，担任蒋的翻译。两次都大展个人魅力，取得了英美援助和支持。后来又受蒋介石的委托，为国民政府组建了新型空军，因而被誉为“中国空军之母”。

似曾谁落胭脂雨

她不怕死，可是，她又是那么奢华娇贵的女人。能将生死置之度外和生活上追求时尚这两种人性特征似乎很难联系起来，可偏偏却集中在宋美龄的身上。女人天生会对某一种东西情有独钟，收集旗袍就是宋美龄一生的嗜好，可以说她是世界上拥有旗袍最多的女人。宋美龄对旗袍的面料、款式、做工都非常挑剔，她每隔几天就要让御用裁缝做好一件旗袍，然后只是看一眼，就束之高阁。能将旗袍穿的好看的女人身材一定要苗条，所以，宋美龄对饮食是十分控制的，甚至精确到用小磅秤秤取重量的程度。如今我们在美龄宫里看到的仿制旗袍，那纤细的尺寸应该会让不少女性汗颜。

从各种老照片里，我们会看到，宋美龄一向是穿旗袍出现在公众面前的，穿西装的照片极少，宋氏家族的家训就是女子一定要穿长及脚踝的旗袍，这才是真正的淑女风范，她的两个姐姐也都是如此。乱世中的佳人，穿着中国最好看的服装——旗袍，在美国国会发表英文演说，轰动美国朝野，又在美国等地巡回演说，呼吁抗击日本法西斯侵略，从而为当时抗战的中国争取来源源不断的美国援助。

而时代的脚步却一往无前，不会驻足停留。老竹尺和划粉在绮丽的锦缎上行走着，一件即将做好的旗袍却中断了，炮声隆隆，美龄宫丝质床单上的美梦那么短暂，醒来已换了人间。

身着旗袍的宋美龄，兼具中国古典气质和西方优雅风度，同时又带有犀利、精明的作风

小径蜿蜒，往事如烟

“绣罗衣裳照暮春，蹙金孔雀银麒麟。”美龄宫前盛开的玉兰花，幽雅地摇曳在春风里，带给这座宫殿几许鲜活和灵动。

美龄宫是观看历史的那个万花筒，是体味民国时尚的绚丽舞台。如一袭时尚的华美丝袍，静静地在

美龄宫里后人仿制的旗袍

紫金山的苍茫绿意中，经历着人世间的沧桑巨变。

宋美龄一生喜爱绘画，美龄宫里还有不少宋美龄的画作介绍，用笔神韵颇为老道。她常常爱画的兰、竹、花卉，画风清超脱俗，充满诗意。

宋美龄爱好广泛，学贯中西，不过也有被蒙骗的时候。有一天，当时的国府主席林森到美龄宫拜访，看见宋美龄正翻阅某高官敬献的宋刻本《于湖词》，这一刻本是宋美龄随身携带的心爱之物。虽然此书用了南唐宫廷御用澄心堂宣纸刻印，薄如蝉翼，工整古雅，魏碑字体看上去很是清秀，但林森还是看出此书并非南宋嘉熙三年刻本，而是当代摹本。

一花一蕊一玲珑，一抹冰香一冷瞳。从美龄宫到明孝陵，是连成一片的梅花林。暮春时节，漫山遍野，花开如海，暗香袭来。往事如烟，红尘如梦，昨日的缠绵空留着一些余温。宋美龄一生中唯一写过的一次短篇小说，名叫《往事如烟》，追忆了当年和初恋情人刘纪文之间的一段缠绵悱恻的爱情，稿子用英文写成，写完由友人投稿至美国的杂志，此事她连蒋介石都瞒着。美国的杂志刊登之后，一时洛阳纸贵，数次加印。有一次，美国大使馆驻广州的朋友告诉刘纪文这个事情，时任广州市长的刘纪文大为感动。有传那个时候，蒋介石正和一名陈姓女子打得火热，宋美龄郁闷至极，也许这也是她以文字宣泄情绪的动机之一。

宋美龄始终是个聪明又懂得进退的女人，她曾在合适的机会，将自己的力量给予了爱自己的男人。在无法掌控台湾局势的时候，耄耋之年的她选择了隐居美国。南京、上海、重庆、西安、台北，从此她不再回去。荣华富贵，她弹指一挥，回归到神的身边，像金黄的落叶，落在异国他乡的土地上。巅峰与谷底，鲜花与哀伤，誓言和秘密，她都珍藏。江山易手，亲人相继离去，她没有百转纠结，她只是说，爱过的人，过去的事她拥有过就足够。而上天亦没有亏待她，让她尊荣一生，安享百年。

宋美龄是时间的赢家，传奇中的传奇。百岁时的宋美龄依然风姿绰约，红妆示人。2003年，宋美龄在睡梦中悄然辞世。106岁的高寿，早已宠辱不惊，这一生，心意所牵，几分在蒋家？几分在宋家？几分在国家？

爱情絮语

她有自己的爱好和追求，她很宠爱自己，她喜欢旗袍就拼命做旗袍，成为了旗袍美人；她爱画画，就拜师学艺，业余生活开始变得丰富多彩。这样的女人，内外兼修，怎能不让男人爱呢？

所以，女人要对自己好一点，把自己的目光从心爱的男人身上移开一点点，这样很可能就会发现世界气象万千。做旗袍女人也好，做瑜伽美眉也好，你优秀了，你多姿多彩了，才会让男人的眼光聚焦在你身上。

◎ 汤山美人汤　琴瑟相和鸣（南京）◎

【汤山别墅陶庐】

南京市江宁区汤山镇温泉路3号，陶庐内蒋介石会客厅

1927年冬天，宋美龄在上海与蒋介石举行婚礼后，前往莫干山做短暂的蜜月旅行。当年岁末，宋美龄随蒋介石来到南京，下榻在南京东郊的汤山别墅。

南京东郊23公里的地方，有一个以温泉而驰名的汤山小镇。这里层峦环抱，绿树掩映，鸟语花香，温泉喷涌。水温常年保持在摄氏50到60度之间，自古以来令人神往，达官贵人、名人雅士接踵而至。小镇四周有举世无双的阳山碑材，“南京猿人”栖息的汤山溶洞，巧夺天工的安基湖和律宗第一名山的隆昌寺。民国初年大批达官显贵先后在此营建温泉别墅，其中有江宁名人陶保晋于1919年建筑的“陶庐”，以及抗战期间毁于战火的戴季陶的“望云书屋”和于右任的“黄栗墅草房”等。

1927年12月，蒋之老友张静江在汤山脚下的温泉路3号的陶庐基础上建造了一幢温泉别墅，见蒋介石携新婚爱妻重返南京复职，张便将这幢别墅作为新婚礼物赠送给了蒋氏夫妇。此后，每到节假日，蒋氏夫妇就会驱车来陶庐沐洗小憩。

陶庐现在被称为蒋介石温泉别墅，与其他众多的温泉场所靠在一起。走进坐落在小巷深处高墙之内的陶庐，小院清丽幽静，花木葱茏，庭院左边是一条讲述历史过往的长廊，这里的一举一动，都关系到当时中国的走向，牵连着前线众多将士的生死荣辱。只不过，那些忧心似焚，那些杀伐决断，如今都已湮没在风中。

岁月流逝，温泉别墅却一直保持着原建筑风貌。主体建筑为两层楼房，外表庄重朴实，大青石垒墙，人字形屋顶上覆盖着咖啡色筒形琉璃瓦。中西结合，庄重典雅，分地上和地下两层。由于一层大半在地平面之下，门前台阶直通二楼客厅，乍看起来像是只有一层。

本来是从中厅进出的，为了参观方便把它关闭了，而在东首卧室开了一扇门，作为现在参观的入口处。室内按当年蒋宋夫妇生活原样物品设施摆放，拾阶而上，依次为卧室、会客厅、餐厅和娱乐麻将室。

蒋宋二人的卧室空间虽小，布置却十分精细，红色的地毯，松软的席梦思，墙上的油画，精致的壁灯烘托出雍容典雅的气氛。二楼休息厅后面有一楼梯通下底楼，扶着老旧的木楼梯，来到地下一层，经过一条狭长的走廊后，呈在眼前的是四间面积很小的房间。墙壁及顶部贴着白色瓷砖，浴池也以瓷砖砌成，依次为总统池、美龄池、卫士池、随员池。汤山温泉通过人工管道直涌池中。另有单间，墙壁嵌有巨大的镜子，是化妆室。特别的是，在总统池的门口有一扇木门，木门上写着“暗道”二字，据说其出口在 80 米外的陆军大学内，当然是为了以防万一。和憩庐一样，陶庐还是离不开军校。1946 年南京特别市绘制的《汤山陶庐及官邸附近地形图》标示了陶庐的位置地形：它的西北是国民党陆军大学，西南紧靠汤山，东南是国民党陆军医院，东北是京杭国道，地理位置十分优越。

还都后的蒋介石指定有关部门修复重建陶庐，由孙荣樵进行总体设计，预算费用 2000 万元左右。一年后的 1947 年 3 月，工程告一段落。修复后的陶庐有楼房 5 间，平房 10 间，占地面积 4 亩 8 分多。一楼使用面积 146 平方米，楼上使用面积 136.5 平方米。

多年后解密的蒋介石日记中曾这样记载这段日子：

1936 年 2 月 15 日——“下午往汤山休沐，夫妻和爱，是以增强一切效能。”

1936 年 7 月 23 日——“下午批阅与妻看拍（排）球，夫妻和睦之快乐甚于仙子登天乎。”

蒋宋爱情的保鲜让人羡慕，相比之下，蒋介石与前妻陈洁如的婚姻虽起于爱情，且爱得也相当炽烈，但却不得不中断。陈洁如单纯如小孩子，终究无法陪伴丈夫在政坛的惊涛骇浪里做弄潮儿。而宋美龄却拥有过人的智慧和胆识，在外交上为丈夫分忧，在财政上要大哥无条件支持，在复杂的上下级人事关系上也充当了润滑剂的作用，使得蒋介石的强硬手腕有了弹性的一面，而在生活上也对丈夫照顾得无微不至。宋美龄的各种好，使得蒋介石越来越依赖她，甚至离不开她。灵魂深处的共鸣与欣赏，是爱情绵延不绝的源泉。

蒋介石为了宋美龄休妻抛妾，自此不问花街柳巷。在宋美龄的柔情体贴下，他不断反省曾经不堪的自己，并从此与夫人相濡以沫。他愿意为她受洗成为一名虔诚的基督徒。夫妇俩每逢礼拜六，都要到教堂做礼拜。

陶庐内蒋介石的办公室

宋美龄是深受西方教育影响的淑女，蒋介石则是深受宋明理学影响的军阀，迥然不同的他们走到一起，却达到了不可思议的和谐一致。蒋介石喜欢

婚后相携相伴的蒋宋夫妇

吃咸笋、酱菜蘸着芝麻酱，再吃点儿稀饭，而宋美龄爱吃西餐。蒋介石清晨五点起床的时候，宋美龄往往还在梦中，而且会一直睡到11点。而蒋介石晚上9点多休息的时候，宋美龄的夜场电影才刚刚开始。虽然他们吃不到一起，住不到一起，生活习惯大相径庭，却不影响如胶似漆的感觉，这和宋美龄的生活智慧是有着直接关系的。若是没有智慧的女人，强势的一定会要求丈夫按自己的习惯来，弱势的则会改变自己原先的生活习惯，久而久之，受憋屈的一方总会爆发出来，说我为你做了这么多，你又为我做了什么？

蒋介石的日记真实度很高，他把对宋美龄的感情真实记录在里面。难得有男人在婚后还保持婚前的那份深情，但我们从中也不难分析出宋美龄为这段婚姻付出了多少。1930年9月5日，蒋在日记中写道："依恋之情出于天性，吾惟于爱妻，人见之也。"同年12月两人结婚3周年后，蒋亦自记："自我有智识以来，凡欲出门之时，必恋恋不肯舍弃我母，到 16 岁时，必待我母严责痛击而后出门，乃至 20 余岁犹如此也。此天性使然，不能遽改。近三年来凡欲出门时，此心沉闷惨淡，必不愿与妻乐别者，岂少年恋母之性犹未脱耶，余诚不知所以然也。”蒋介石觉得宋美龄不同于一般的旧式中国妇女，对她的胆识和气量充满了敬意。

蒋在婚前执掌国民革命军总司令期间，独断张扬，动辄易怒，打人骂人更是家常便饭，招致了党内政敌的攻击。1927 年 7 月，武汉国民政府发表的宣言中，指责蒋“取舍予夺，为所欲为”，“在南京僭窃以后，益复横行无忌”。婚后，他听取宋美龄意见，于 1933 年搞了一场所谓“新生活运动”，以“亲民”的姿态出现。同时听取了胡适等人的意见，自 1935 年起，将一批银行家、报人和学者如张家璈、翁文灏、吴鼎昌、蒋廷黻等延纳进政府，授以高职，造成一个“文官政府”的形象。在外交方面，受宋美龄影响，逐渐改亲日为亲英美路线。

如此一来，即使是当初反对蒋宋结合的宋庆龄，也在 1940 年时这样说过：“（他们）一开始并无爱情可言，不过我想他们现在已有了爱情，美龄真心诚意爱他，蒋也真心诚意爱她。如果没有美龄，蒋会变得更糟”。

后来的后来，21 世纪的宋美龄，难得出现在众人视线里，最后一次出席重大的公开场合，是在美国国会参加世界反法西斯胜利 50 周年纪念活动。当时，已经 98 岁高龄的宋美龄依然风姿绰约，一袭深色的旗袍，腕上一轮青翠的碧玉。

平日深居简出，住在美国蝗虫谷的她淡淡地说道，“我也知道很多人来找我说好话都是因为我现在还有影响，想利用我的名声做他们自己的事情。如果有一天我死了他们都不会来的，势在人在，这我看得很清楚。”世事洞明，理性更甚男子，这便是宋美龄。

爱情絮语

希望爱情永远保持新鲜，这几乎是所有人的梦想，但能实现这个梦想的人却很少。但凡能实现梦想的，如宋美龄，一定深知包容二字的含义。求大同，存小异。放大对方的优点，忽略对方的缺点，婚后依然充满生活情趣，而不苛责对方有哪些事情做得不如自己的意。女人懂相守，男人懂感恩，才是一辈子。

◎ 贰 ◎

美女间谍

郑苹如——纵使烟火也曾绚烂

◎ 山伯追英台　双双都殉国（南京）◎

【南京航空烈士公墓】

在南京紫金山北麓王家湾附近，航空烈士公墓庄严肃穆的正门风雨挺立

晦养光韬如韧铁，何惜被人误

她的嘴角微微上扬，又是轻蔑又是嘲弄又是不屑，却也可以理解成挑逗和轻佻，那样的妩媚入骨，却特立独行，与众不同。所以阅人无数的易先生也不由自主被她吸引，竟允许她住在自己家里而没有去查她的来历。

易家牌桌上的女人都和易先生有过亲密的关系，比如那只迷人风骚的小野猫。自家的老婆是夜里给他捂脚取暖的，色衰爱弛，小野猫的味道肯定很好。但是，她却如新剪春韭般鲜嫩，带着春天的狂野的风，他这般的男人也有些抵抗不住。而且，她是隔了三年才来的，杀手有这样的耐心吗，他想。

她在大事来的时候，特别冷静。为抗日做贡献，引诱易先生，为民族献身，她没有犹豫。

她便是“麦太太”王佳芝，张爱玲笔下《色戒》里的色诱女主角，经过李安的艺术再加工，改编成电影《色戒》，风靡了世界。王佳芝因动情而放走了汉奸头子易先生，电影在唏嘘中落幕。

片中的故事，惊起一段真实的陈年往事，请离开小说《色戒》，翻开真实的史料，随时光回到 1940 年 2 月的上海。

在刺杀日伪特务丁默邨失败后的一个星月无光的晚上，郑苹如被带上一辆汽车。汽车七拐八拐，来到沪西中山路旁的一片荒地。“帮帮忙，打得准一点，别把我弄得一塌糊涂。”这是郑苹如留在世界上的最后一句话，是用上海话说的。

王佳芝会爱上易先生，张爱玲会爱上胡兰成，但郑苹如是不会爱上丁默邨的。通常来说，从小缺乏关爱的女人更贪恋男人给予的一点点温暖，但郑苹如却不会。她生活在一个兄弟姐妹众多的温馨家庭里，追她的男人可以说排成了长队，也都很优秀，再加上，郑苹如的父亲很正直，所以，以这样的家教和她接受的组织任务，无论任何一个方面都不可能有这样的可能性。

不必将郑苹如和王佳芝画等号，文学作品总有虚构的成分，而作为一名地下特工，早在入行之时，就已经不会再在意世间的议论诽谤，清者自清，浊者自浊，职业之特殊，不必辩解，不必澄清。那是一段令人震撼的历史，是个人命运和民族命运的挣扎，是以身殉国的壮烈。

白骑纤尘桑梓路，翩翩影远长天暮

美女间谍郑苹如是有恋人的，他叫王汉勋，而且两人的感情很好，几度谈婚论嫁。虽然两个人都从事着最危险的工作，但还是满怀憧憬地相约抗战胜利后步入婚礼殿堂。令人扼腕的是，郑苹如刺杀丁默邨失败后被杀害，几年后，作为空军战鹰的王汉勋也血洒长空，壮烈殉国。出师未捷身先死，这对恋人为了抗战先后倒下。

在南京航空烈士公墓里，有他的名字，也有郑苹如哥哥的名字，郑家，满门忠烈，为抗日捐躯。最为难得的是，他们是中日混血儿，父亲是中国人，母亲是日本人，这场侵略战争一开始，全家就决心与日本决一死战。

苹如大弟海澄在20岁那年，也就是1936年秋，带着弟弟南阳一起赴日本留学。抗战爆发时，海澄正在名古屋飞行学校学习，南阳在东京成诚学院攻读日语，准备报考医学院。局势陡变，两人急欲回国，但日本政府严禁中国留学生离开，海澄更是受到校方指派的一位“同学”的严格监控。郑母当机立断，先以重金买通了一名船长，接着亲赴日本巧作安排，佯装带孩子郊游野餐，还将海澄平时骑的摩托车借给那位“同学”，随后丢弃了一切物品，只身潜入船上，终于顺利偷渡回国。

郑苹如未婚夫王汉勋入伍军装照

海澄新婚不久，转道香港赴昆明，报名进入空军军官学校第十一期驱逐科。当时，国民政府对飞行员审查极严，他既从日本归来，又有日本血统，受审波折颇多。那时，他极为痛苦，但爱国之心拳拳，在一封给苹如的信中表示，如再不能被录取，干脆去参加陆军，总要与日军一拼。后来终于一尝夙愿，驾机与日寇搏击于长空。1944年1月19日，郑海澄在重庆空战中壮烈牺牲。

海澄的公墓位于南京太平门外紫金山北麓王家湾，是1932年国民党政府军政部航空署募捐建造的。公墓的主要建筑由牌坊、东西庑、碑亭、祭堂、纪念亭、墓茔以及纪念塔等地面建筑构成。其中纪念塔为方形，在塔的顶端是一座雄鹰的雕像，象征着烈士不屈的英灵。纪念碑后，是很多黑色的巨大的大理石，上面镌刻着自淞沪抗战至1945年9月间牺牲的3306位烈士英名及生平业绩，其中包括870名中国烈士，2197名美国烈士，210名苏联烈士以及2名韩国烈士。一面面石碑端然矗立，像一面面黑色的、沉重的帆。

整片墓地共立碑176座，全部为衣冠冢。一座座普通的墓碑上，刻着简单的碑文：姓甚名谁，家乡在哪里，毕业于何处，任什么职务以及阵亡时间。每一个名字背后，都是一段悲壮的历史。一开始，葬入的是辛亥革命时期，北伐战争及淞沪抗战为国捐躯的黄毓全、吴明辉等30余位空军烈士，每年3月29日举行公祭。1937年南京沦陷前又有击落敌机11架的刘粹刚等24名空军抗战烈士葬入。1948年，又陆续将散布在各地的抗战时期和内战时期的飞行员遗骸迁葬于此。1985年再次重建的航空烈士纪念建筑群安息着几千名中、美、苏等多国航空烈士的英魂。八一四空战打响时，中国的空军将士还只是一群年轻的飞鹰，面对强大的日本侵略者，这些中华民族的爱国青年们视死如归，碧血洒蓝天，他们牺牲时的平均年龄还不到25岁。

青山翠绿，烈士们的英灵，就这样静静地躺在紫金山。我知道你只是，我梦中飞舞的那只蝴蝶，幻梦，是你的身份。

十里长风襟满絮

10岁的郑苹如已经出落成亭亭玉立的大姑娘了，一眼就能看出是天生丽质的美人胚子，这样的影像留在一张祖父母和子女的全家福照片里。

美貌且举止活跃的女孩，从来都不乏追求者。抗战爆发时，郑苹如19岁，在上海法政大学念书，花样年华，风姿绰约，是上海滩有名的美女。一腔热血，只愿有机会报效祖国，于是她参加了学校的抗日救亡运动。因为漂亮，每次出去，必得妹妹陪在一侧，不然便有胆大的男同学上前搭讪。对面震旦大学的一些学生，也常常徘徊在郑苹如家的弄堂口，想碰上美人可以搭腔交个朋友。

青春无敌、美貌无双的郑苹如，是上海滩诸多名门望族公子的倾慕对象

提亲的人，不可胜数，其中不乏宋家、孔家这样的豪门，还常常有达官显贵来电约她去骑马、打网球。

与大多数女孩子一样，郑苹如也有青春的梦，对爱情充满了向往，憧憬着美好的未来。在众多的追求者中，一位空军军官有幸成为这位美女中意的白马王子，他叫王汉勋。这多少和自己钟爱的弟弟成为空军战士有点关系吧，爱屋及乌，便多了几分好感。帅气的飞行员成为男友之后，郑苹如的感情也有了温暖的寄托。

王汉勋是江苏宜兴人，比郑苹如大两岁，毕业于中央航空学校二期，是郑苹如大弟郑海澄在中央航校短期进修时候的同学，是该校第二期的高材生，曾派赴意大利进修。他高大英俊，敏捷潇洒，性格沉稳，为人刚毅豪侠，在同学中有“小孟尝”之称，归国后任试飞员、训练教官，继为空军两个攻击中队之一的中队长。他的驾驶技术相当高，能试飞各种类型的飞机。宋美龄非常器重他，赴美商谈购买战机时，总要选他当随员。

大同大学校长胡敦复住在万宜坊13号，与郑苹如的家仅一步之遥。郑苹如是胡校长女儿福南的小姐妹，王汉勋则是校长儿子新南的小兄弟，在大同附中校友的一次聚会上，通过新南、福南兄妹的介绍，他们相识了，并且很快热恋了。

对于这样一个男人，郑家小姐觉得很有安全感。从此，郑苹如亲昵地唤王汉勋为“大熊”。王汉勋的人品、才能和背景，自然顺利地得到了郑苹如父母的首肯，也很快得到苹如弟妹们的欢迎与喜爱，“大熊”成了郑家对王的专称。这段感情，家里都认可，郑苹如也以此为荣，家里摆放了很多男朋友的照片，有一张王汉勋身穿皮夹克，手拿猎枪在云南森林里打猎的照片尤其帅。这张照片也是王汉勋非常得意的一张，所以特地送给女朋友留作纪念。在照片的背面，小伙子工整地写上“送给我最最亲爱的人，苹如你。”郑苹如也回赠了一张自己的玉照，背后写上“最最亲爱的汉勋，你的苹如。”当年上海和郑苹如熟悉的日本人，也知道她的这个男朋友。

为抵御日寇，这对恋人虽然关山万里，却心心相印。虽然不能像别人那样花前月下倾诉娓娓情话，但这个痴情的小伙子疯狂地给苹如写信，诉说自己的思念，这几乎成了他每天工作之余的必修课。1939 年春，王汉勋曾两次来信，约苹如赴香港结婚。但严酷的斗争形势和肩负的重任，使苹如无法脱身，只得相约于胜利之日，再结秦晋之好。

郑苹如牺牲后，妹妹天如辗转万里来到成都太平寺空军基地，将噩耗告诉王汉勋，王顿时悲痛欲绝，哽咽地说："我不要她死，宁可是她变心别恋，也希望她好好地活着。"为了避免他过于伤心，天如并没有将实情完全相告，只对他说姐姐"病亡了"。从此，王汉勋整个人都变了，一天说不了几句话。1944 年 8 月 7 日，正值日军发动桂林之役，王汉勋奉命驾机由灵南至衡阳运送军需补给，因天气骤变，于衡山撞山牺牲，时为空运大队长，军衔上校。

天涯路穷，只待你青衣亭中归来。你是我夜晚吟唱的歌谣，在静夜里的思念。你是我沉醉的缱绻，唇边绽放的鲜花。你是我滋生蔓延的爬藤。你是我钟爱一生的指针。要多少世的劫难，换我们今生相爱?

卿如何就负了我? 说好了来日方长。裹挟无尽的孤苦，我独自在忘情崖欲随你而去。犹忆当年一相逢，万世此心与君同。

位于上海福寿园的郑苹如纪念铜像

郑苹如与王汉勋的爱情之梦被残酷的战争粉碎了，也粉碎了他们年轻的生命，曾经甘心情愿为了祖国母亲而暂且搁置美好生活，却以悲哀的音符作了句点。有情人，难成眷属。

一样的热血青年，他血洒长空，立碑烈士陵园。她孤身虎胆，与狼周旋，美人计中，谁用情谁不用情，却遭后人猜测，不过，她不在乎，她一直是如此的，拳拳爱国之心，和父亲，和哥哥，和家人，和未婚夫一样。

她是出类拔萃的，中日两国语言流畅，家庭背景优越，美丽聪慧，灵活机智，更有认识日本军方高层的日本籍母亲，这样的美女间谍真是千载难遇，似乎，命运的指针再也不能指向其他的方向。组织看中了她，想必也是用这样的说辞说动了她，民族危亡时刻，她不下地狱谁下地狱？任务是艰巨的，但她足够优秀，只不过，要刺杀的对象是敌方的特务头子，这就使本来的任务更难了一层。即使如此，只要有百分之一的成功把握，她仍是要去一搏的。那个时代，热血的年轻人除了傲人的才智，还有一份不成功则成仁的决死之心。死亡是怎样的东西，它在国难当头的时候无处不在，她却没有躲避，人生好像一场轮盘赌博，下注了，便愿赌服输。

|爱情絮语|

爱过，就已足够。爱的最快乐，是在心上的，是心尖的颤栗和甜蜜。至于陪伴，那只是形式。当然，陪伴也可以是爱的因果之果。因为爱，所以愿意多陪伴对方。但若有特殊情况存在，则不能以陪伴时间来衡量爱情的深浅。

◎ 满门皆忠烈　忍辱为抗日（上海）◎

【郑苹如的家】

1924 年，郑苹如一家的全家福

万宜坊，在今上海重庆南路 205 弄。法商万国储蓄会投资，1928 年始建，1930 年建成。占地面积 11400 平方米，建筑面积 12500 平方米，是当年精心设计的新式里弄住宅，属法租界上等住宅小区。

琼液金樽，云鬓兰花蝶舞步

郑家从日本刚刚回到上海时，住在顺昌路太平桥附近，1935年初搬到了重庆南路的万宜坊88号。这个毗邻淮海路的法租界住宅区，闹中取静，外国侨民居多，而紧邻的淮海路更是当年洋人们喝咖啡泡酒吧的一条街。几步之遥，便是著名报人邹韬奋寓所。丁玲、胡也频、张天翼等人亦曾在万宜坊居住过。即便如此，郑家依然显得背景特殊。当年一个名牌大学毕业生刚参加工作的月工资是40银元，做到中层以后才到100银元，方可支付得起一层楼的租金。而郑苹如家独住一幢三层楼房，父亲月工资是800银元，生活还算殷实。

彼时，上海被称作孤岛，很多江浙一带的乡绅富豪都逃到上海租界来，带来了很多钱，加之人们对明天的命运并没有把握，即便在公共租界里也并不是百分百安全，所以，当时富人们大多过着醉生梦死的生活，今朝有酒今朝醉。舞厅遍地都是，娱乐业相当繁荣，郑苹如长得漂亮，又开朗活泼，便成了小有名气的交际花，经常出入于百乐门、仙乐斯等上海滩著名的舞厅。

郑苹如算得上是万宜坊的活跃分子，但父亲的管教也很严格。邻居家有把电吉他，一天，郑苹如提出要去学，父亲却因对那家邻居印象不好，不准她去。为此郑苹如把自己关在屋子里哭了鼻子。

万宜坊乳白色的石灰墙上，有星星点点的突起。万宜坊88号，是郑家居住了40年的三层小楼。沿着窄窄的木楼梯旋转而上，绛红色油漆涂层依旧完好，2层到3层的拐角处是间小格子间，是当年佣人的房间。3

楼就是郑苹如的闺房。

房前屋外，郑苹如曾经倩影留照。那时候的郑苹如身材苗条、面容清秀，爱笑，喜欢盘起发髻。1937 年 7 月《良友》杂志的封面上，郑苹如巧笑倩兮，光彩照人。

王开照相馆是《良友》画报封面女郎的定点拍摄地，“拍一张要 6 块大洋，当时可以吃一桌酒席”。

蝶舞翩跹，暂无人踪迹

那一期《良友》杂志出版一个多月以后，郑苹如在一次社交聚会上结识了改变她命运的人——陈宝骅。他是陈果夫、陈立夫的堂弟，时任国民党上海市党部常务委员、调查统计室负责人。见到年轻貌美、能讲一口流利日语的郑苹如，陈宝骅不由眼前一亮，千方百计地说服她参加“团体”，“为抗日出力”，郑苹如凭着年轻人的一腔热忱同意了。

郑苹如在中统的直接上司，是同为法政学院学生的嵇希宗，据说他也是陈立夫的亲戚。郑苹如接受的任务是搜集日本高层情报。郑苹如果然不负所望，很快融入了侵华日军驻沪各机关的中上层交际圈中，以半个日本人的身份和流畅的日语，八面玲珑地周旋在那些军官和文职人员中间。她结交了首相近卫文麿之弟近卫忠麿，谈判代表早水亲重，陆军特务部的花野吉平、三木亮孝、冈崎嘉平太，驻沪日军报道部的花野慊仓以及海军谍报机关长小野寺信等人。同时她也活跃于日本情报机关，在获得的诸多情报中，最重要的当是从早水那儿获得的汪精卫叛国的信息。

1938年8月，早水告诉郑汪将有“异动”，12月初再次告知汪将于近日异动，郑获悉后，都由嵇希宗以急电向重庆报告，成为迄今所知预报汪精卫叛国的第一人。可惜，两次报告都没有引起重庆高层的重视，他们大概不相信一个小小的特工能获得如此重大的情报。直到汪精卫经昆明出逃河内，并发出艳电之后，重庆方面才意识到郑苹如的价值，中统内部有郑是局座们的“掌上明珠”之说。郑苹如还曾以假的、过时的或无关紧要的情报，套取了日军高端机密，工作十分出色。

抗战胜利后的1945年，文学大家郑振铎在柯灵、唐弢主编的《周报》上连载《蛰居散记》，其中一篇题为《一个女间谍》，回忆那个时候见到郑苹如的样子。“在霞飞路一家咖啡馆里，郑振铎先生见到友人身旁的这位女士，只见她身材适中，面形丰满；穿的衣服并不怎样刺眼，素朴，但显得华贵；头发并不卷烫，朝后梳了一个髻，干净利落，纯然一位少奶奶型的人物，并不像一个‘浪漫’的女子。”

日本首相的儿子近卫文隆见到郑苹如即坠入情网。与郑振铎在咖啡馆里见到的郑苹如不同，初会首相之子，郑苹如是不请自来，也是有备而来，盛装出行。那一次，她穿着一袭亮色的旗袍，无论颜色与款式都十分得体。鹅蛋脸上两只大大的眼睛仿佛会说话，一个浅浅的小酒窝盛满了甜美，长长的头发扎成一束，整个人充满青春气息。郑苹如像微风中飘舞的一杆花枝走进了文隆的办公室，文隆顿时被这样的美人惊呆了。她以一口流利的日语向文隆致歉，她说：“尽管母亲一再教育过我，未经约会的拜访是十分失礼的，但您的朋友告诉我，您很随和，没关系的。于是，我还是来了。”

那天晚上，他们约在 7 点在外滩沙逊大楼内的凯撒酒吧见面，尽管下着雨，文隆还是坐了黄包车，于 6 时 55 分提前到达等候，而苹如也按上流社会的礼节于 7 时过 5 分钟进了酒吧。晚上的苹如又是另一副打扮，换了一件十分亮丽的旗袍，化了浓妆，头发也梳了起来盘了一个发髻，风情无限。那天，他们在一起吃了晚饭，喝了酒，文隆邀请她一起跳舞，她以次日要上班而推拒了。

“若掌握了近卫文隆，不就能迫使日本首相作出停战让步了吗？”郑苹如出于这样的考虑，想干一件惊天动地改变历史轨迹的大事。

1938 年底，郑苹如策划绑架了日本首相近卫文麿的儿子近卫文隆，使近卫文隆失踪了 48 小时。日本军警大为紧张，各处路口严密盘查。一天一夜后，首相儿子回来了，说是与女朋友一起，去一个朋友家玩耍。其实，近卫文隆是被郑苹如“软禁”起来，重庆方面得知此事，担心比较温和的近卫首相由此倒向强硬派一边，急令她中止这一危险的政治游戏。

云鬓青丝凝雪意，忠烈满门声声叹

直到很久以后，郑苹如才向父亲郑钺坦白了自己的身份，老父虽然也曾有过疑惑和察觉，却一直没得到印证。也就在那时，女儿再一次获得了父亲的“为了国家，什么都可以牺牲”的教勉，“只要是对抗日有利，对国家有利，对四万万同胞有利的事，就应该做！”

郑钺于1906年考取浙江省的官费留日，留日期间，郑钺追随孙中山参加了同盟会，1928年起任中央法官惩戒委员会秘书处机要科科长、江苏高法第二特区分院首席检察官。上海沦陷后，有着留日背景的郑钺，几次婉拒日本人登门游说出任伪政府“司法部长”一职，令日本宪兵司令部很是不爽。侵华日军当局认为，他不属于国民党主流派，且有留日经历，娶有日籍妻子，经济也不富裕，在司法界又极有人望，遂千方百计地拉他下水。作为最高法院上海特区分院检察官，他与郁华、钱鸿业等爱国司法人员同侵华日军及汉奸败类一直抗争。之后，他以养病为名，蜗居家中，而此时他暗中掌管着一座地下电台，与重庆方面保持秘密联络。苹如加入中统后，曾获指令，所获情报一般交嵇希宗发出，如遇紧急情况，可向其父表明身份利用该电台拍发。

其时，汪伪集团派夏仲明以收买、诱降、恐吓、暗杀等手段，妄图强夺租界内的中国司法机构。二分院院长徐维震下水，郁华被害，形势迅速恶化。1939年11月23日，郁华遇害后，丁默邨对郑苹如说：“你父坚不参加和平运动，76号迟早要取他性命。”郑钺受命主持留沪司法人员内迁，内迁者持其签单至汇中银行朱文德处领取路费，按预定路线携家转移。

女儿被捕后，日方明确表示，“只要郑钺先生肯合作，我们将说服76号，马上释放郑小姐，请考虑后回复。”那时，正是救女无门而一筹莫展之时，但“合作”就是丧亏民族大节，这是万不可为之事。郑钺也曾想过先假意答应，待苹如放出后，再图逃离上海之计，最后怕因此被日伪利用而罢，遂不予理睬。女儿殉难了，郑钺心情日坏，癌症恶化，终于1943年4月

8日去世。

苹如的母亲木村花子是郑钺在东京时结识的。名门闺秀花子对中国革命颇为同情，年轻时就支持还是穷学生的郑钺从事反清革命，掩护革命党人传递文件。两人结婚后花子随着丈夫来到中国，改名为郑华君，育有三女二子，郑苹如排行老二，姐姐真如、小妹天如，大弟海澄、小弟南阳。所以姐弟五人是在“双语”的家庭环境中长大。中日交战，对于这个家庭来说，一边是父亲的祖国，一边是母亲的祖国，母亲的祖国侵略父亲的祖国。

花子经常给孩子们讲岳母刺字、精忠报国的故事，这个生于日本茨城的女性明白丈夫子女纷纷处于风口浪尖，她的态度清楚明白，“丈夫是中国人，孩子姓郑，也是中国人。我爱日本，但也要爱中国。”当日军当局一再纠缠郑钺时，她总以丈夫“确实有病”的托辞虚语委蛇。明知将永远失去女儿，却强忍痛苦，并劝丈夫逃离上海，平静地帮助丈夫守住大节。

从早年追随孙中山先生革命的同盟会会员郑钺，到为国锄奸的郑苹如，再到血洒长空的郑海澄、王汉勋，郑家由此有“一门忠烈”之誉。

爱情絮语

记得听过一首歌叫“相亲相爱的一家人”——我喜欢一出门就为了家人和自己的理想打拼，我喜欢一家人心朝着同一个方向眺望。因为我们是一家人，相亲相爱的一家人，有福就该同享，有难必然同当。郑苹如就生活在这样的家庭里，该是自豪和幸福的。

◎ 美人似烟火　黑夜成永恒（上海）◎

【汪伪特工总部】

极司菲尔路 76 号，今上海万航渡路 435 号汪伪特工总部原址

上海解放后，原汪伪“76 号”特工总部旧址曾先后成为中共静安区委党校、建东中学、静安区职业学校等，现为上海市青少年教育基地、上海逸夫职业技术学校静安分部。

美人如玉剑似虹

首相之子失踪事件后，日本人开始对郑苹如产生怀疑，开始注意、跟踪她的活动。而此时国民党的地下组织屡遭“76号”的重创打击，为打击“76号”的嚣张气焰，并报屡被破坏之仇，中统急于除掉“76号”头目丁默邨、李士群，曾多次发出制裁丁、李的密令。

丁默邨抗战前曾出任“调查统计局”三处处长，与戴笠平级。抗战爆发后，丁默邨被戴笠指控贪污招待费遭调查，受排挤后空挂少将军衔托病香港。日军占领上海后，丁默邨应汉奸李士群之邀走马上任，决定建立一支汉奸特工队伍，特工总部设在极司菲尔路76号，今上海万航渡路435号。

极司菲尔路从静安寺起沿华界筑至曹家渡附近的梵皇渡，据传因某外国人之妻名极司，乃戏呼其所居之地为极司菲尔，意即极司的土地。1913年，极司菲尔路向西延伸至白利南路，也就是今天的长宁路。1943年该路以梵皇渡命名为梵皇渡路，直到1962年才改称为万航渡路。当年租界当局为了扩大租界的面积和权力，以种种借口和理由，在租界之外的地方“越界筑路”。当年这里就是这样一个“真空”地带，没有整体的规划，马路曲折，宽窄不一，是鱼龙混杂之地。

现在，万航渡路还保留着30年代上海马路的宽度，有着80多年历史的老别墅或老弄堂随处可见。不过这里也已经成为都市时尚的后起之地，曹家渡商圈里一幢幢新地标是这个城市一个个新的亮点。站在这里，会感到过往与现代交杂，错综迷离之迷雾扑面而来。

“76 号”号的主要建筑物是正中的高楼，走上石阶，中间是穿堂与扶梯，东首是会客室，会客室对面是餐厅，后面接会议室。会客室的楼上是丁默邨的寝室兼办公室，里面有一张床，可丁从来不在上面睡觉，他睡觉的地方是寝室里的浴室，因为那里四壁都装有防弹钢板。丁默邨每晚就在浴缸上放一张棕棚，铺上被褥，睡在上面。其小心谨慎由此可见一斑。要刺杀这样一个人谈何容易！

丁的寝室对面是李士群的卧室和李士群的办公室。在李的房门前有一条小走廊，旁边有客房。这条走廊，直通高楼西首的石库门房子，高楼西首，是一幢三开两进的石库门楼房，四周有走马楼。在走马楼中间的天井上搭有一个玻璃棚。三层楼上两个房间，是“犯人优待室”，楼梯口装有铁栅拉门，派有便衣特务持枪警戒。

其右侧弄堂华村即今万航渡路 455 弄是 1930 年建成的新式里弄，内有三层楼的小洋房 18 幢。抗战期间，因华村在汪伪 76 号特务机关前面，居高临下，可窥见该机关操场全部情景，故特务头子下令强迫全部居民限期一天内迁走，随后该地就成为“76 号”特务机关的爪牙住所。

由于熟悉国民党的地下组织，富于特工经验，丁默邨领导下的杀人魔窟“76 号”建立后，开始大肆从事恐怖暗杀活动，接二连三地制造血案，许多抗日志士惨遭杀害，无辜百姓屈死魔窟者更是不计其数。“76 号”除了制造血案、绑票敲诈之外，在贩毒售毒、开设赌场等方面也无所不为。而与丁“权斗不已”的李士群则在暗中窥测，图谋夺权。

为此，中统上海潜伏组织负责人陈宝骅决定抓住丁默邨好色的弱点，施“美人计”除掉他。丁默邨好色，虽弱不禁风，患着第三期的严重肺病，仍仰仗春药不断与漂亮女子鬼混。丁曾当过民光中学校长，郑恰在该校读过书。虽然两人交错在民光中学呆过，并不认识，但总有“师生之谊”。就这样，中统上海区经过研究，决定派郑接近丁，创造机会，果断制裁。这年初秋，消失了足有三四个月的郑苹如又悄悄地出现了，这次出现的场合是“76 号”丁默邨的办公室。

那么，如何使郑自然地去接近丁默邨呢？恰好熊剑东正关在日伪的监狱里。熊是1939年3月7日被捕的，身份是军委会别动军淞沪特遣分队队长，兼忠义救国军六县游击司令，是军统的一员大将。

中统上海区让熊妻唐逸君去找郑苹如，说郑与丁默邨有师生之谊，熊剑东和郑苹如都是浙江同乡，不妨找郑帮忙，或许这样能救熊。

熊妻一求，郑就答应一试。郑苹如去求丁放过熊剑东，就这样成功地结识了丁默邨。反正都是真的，不怕丁默邨去查这件事的来龙去脉。这些故事倒像是精彩的谍战剧，中统、76 号，双方斗智斗勇。都是人精，刀剑上起舞，务必丝丝若扣，滴水不漏。

一树桃花映入眼帘，阳光里开得簇簇生辉，像《诗经》里说“桃之夭夭，灼灼其华”，美得让人忍不住惊动，丁默邨见到郑美女的感觉，大约就是崔护看见桃树下的女郎时“人面桃花相映红”的悸动惊艳，顿时惊为天人，为之倾倒。而郑苹如扮成涉世未深的少女，恃宠撒娇，把一个中年男子弄得神魂颠倒。

郑苹如取得了丁的信任之后，中统见时机成熟，布置下手。当时中统上海区的负责人换成张瑞京。

第一次行动，按照张瑞京的决定，拟在 12 月 10 日，趁丁送郑回家，在郑家后门处狙击。中统特工在郑家附近安排了狙击人员，然而丁默邨诡计多端，不管郑如何邀他“上楼坐坐”，就是不肯迈出车来。计划失败。

密令绝杀，尘霾过往云烟灭

1939年冬，中统下令“尽快行动、剪除丁逆”。张瑞京重新策划第二次“刺丁”。他安排郑苹如以购买皮大衣为由，把丁默邨诱杀在西伯利亚皮货店。

1939年12月21日，丁默邨在沪西一个朋友家吃午饭，他打电话邀郑苹如前去参加。郑苹如以为机会来了，汇报给上级后，自己便赶到沪西陪伴在丁默邨左右。有了乖巧美艳的郑苹如相伴，丁默邨很开心，两人在那里一直厮磨到傍晚。随后丁说要去虹口，郑说要到南京路去，于是两人同车而行，当汽车驶至西伯利亚皮货店时，郑苹如突然提出要去买件皮大衣，算是送她的圣诞礼物，并央求丁默邨下车，帮她挑选。

西伯利亚皮货店当时是上海皮草的大哥大，开在静安别墅沿街的公寓上。这里原为潮州会馆的墓地，后又为英国人的养马场，1926年由张静江购得这块地皮，起造静安别墅，于1932年竣工。西伯利亚皮货店的老板是一位俄籍犹太人，是1905年俄国二月革命时逃到中国哈尔滨再来上海的，当时有四个门面，相当气派。

丁默邨的职业反应是，到一个不是预先约定的地点，停留不超过半小时，照理说是不会有危险的。郑苹如执意要他同去，不外乎是撒娇，想乘机敲他一笔竹杠。而他也不是小气的人，于是他便随郑苹如一起下了车。

进了店里，郑苹如认真地挑选皮衣，丁默邨突然从镜子里发现玻璃橱窗外有两个短打衣着、形迹可疑的人，正向他打量。到底是职业特务，丁默邨一看情形不对，便从大衣袋里摸出一叠钞票，向玻璃柜台上一掼，说："你自己挑吧，我先走了。"

郑苹如见丁默邨突然向外奔跑，起初一愣，本想追出去，但走了两步，又停住了。守候在店外人行道上的中统特务，没料到丁默邨会不等东西挑好，就突然冲出店来，稍为踌躇了一下，竟让他冲过马路。匆忙中向座车开枪，但为时已晚。丁的司机见他狂奔而出，早已发动引擎，开好车门。等到枪声响时，他已钻进车内，拉上了车门，子弹全都打在防弹车门上。至此，郑苹如身份已经暴露。

刺丁行动失败了，郑、嵇二人按约定到法国公园碰头后，立即分散躲了起来。郑躲到了虹口，那是"76号"的手伸不到的一个死角。当天晚上，她从虹口给沪西日本宪兵分队长藤野打了一个电话。

郑在电话中试探地问："我做的事情是好事，还是坏事？"藤野因不知是什么事，便模棱两可地说了几句。挂断电话后，藤野就向特高课长林秀澄报告，林告诉了他丁被刺一事，并指示藤野，如果再来电，对郑要"不即不离，不要断绝关系"。这个藤野后来接任特高课长。

藤野会讲法语，与郑很谈得来，有时也一起看看电影，算得上是相处不错的朋友。可是，从未真正受过特工训练的郑苹如，哪具备反侦查的手段，她根本没想到这个藤野正是林安排专门接近她、掌握她动向的人。

按照嵇希宗的安排，她打了一个电话给丁默邨，以观察丁的反应。丁默邨恶狠狠地说："你算计我，马上来自首，否则杀你全家！"郑马上哭了起来，说自己都已吓出病来了，你还要冤枉我。一听郑哭了，丁也立即改变了口气，对郑安抚了一番。

对于这个电话，郑苹如和上司进行了反复研究，上司曾让郑逃走，但郑不愿意，因为自己一走了之，老父老母和家人将遭连累，刺丁的任务又没有完成，于国于家都无法交代，再说买皮大衣完全是临时提出的，丁应该抓不到破绽。低估了敌人的狡猾和狠毒的郑苹如申请再去碰碰运气，她的上司居然也答应了。

明镜畔前双寂寞，怜光如水吹弹破

郑苹如和妹妹住在同一间卧室。那些天，妹妹常见姐姐拉了窗帘，在梳妆镜前操练左轮手枪。母亲知道爱女要去冒险，阻拦不了唯有含泪祷告。

1939 年的圣诞节，郑苹如怀揣一支勃朗宁手枪，走出了万宜坊家门。她是拼命去的，拼死一搏是她的决心与打算。

她突然闯到藤野控制的沪西宪兵分队的一个联络点"沪西舞厅"，想在那寻觅见丁的机会。但缺乏特工经验的郑苹如不知道，这无疑于自投罗网。藤野将郑苹如拘押起来后，便驱车来到了"76 号"。那天下午，"76 号"特工队长林之江率多名爪牙，分乘 4 辆汽车，将郑苹如从关押的"潘三省宅"，即开纳路（今武定路）10 号带回。这一被捕细节是林秀澄在 1974 年

3月30日接受口述史采访时讲述的。

郑苹如被捕后，关押在忆定盘路，今江苏路37号，负责看管的是林之江，负责审讯的是佘爱珍和沈耕梅等。郑在审讯中又哭又闹，呼冤叫屈，再就是大骂丁默邨。丁也去审过她一次，不仅同样一无所得，郑反而哭闹得更凶了。丁见郑拒不承认，一时也想不出更好的对策，遂作出“感化”的假象，以待最后发落。所以，郑被捕后，表面上没有受刑，生活上也颇优待，还让她给家里打过电话。接电话的是南阳，苹如说：“在这里很好，请父母兄弟等不必挂念。银行领款的图章请弟妥为保存，我的皮服请即拿来可穿。”还写过几封信，最后一封信写于1940年1月16日，这些信后来都成为了审判丁默邨的罪证，于今都保存在有关卷宗内。不过，据林秀澄说其中有两封信是他们伪造的，应该是他们写了之后，逼郑抄的。

后来，郑苹如的关押地点变成“76号”内。某天夜里，一个妇女来到郑家，说是同狱难友，家住新闸路聚庆里478弄20号，丈夫叫潘世荣，因丈夫案牵连被押，她带来了一张纸条。这是从报纸上撕下的一张纸角，上写：“爸爸：我很好，请放心！苹。”这张纸条与《良友》画报封面上那张大照片，一起夹在郑家一个大镜框里，可惜后来被毁。

1940年2月15日后的一天，郑家的电话突然响起来了，传来了嵇希宗的声音。家人多么希望是关于营救郑苹如成功的消息，可传来的却是噩耗，“苹如已于前几天殉难了，这是15日潘世荣出狱时带出来的消息。”说完，电话挂断了。

尽管，郑的父母早已有足够的心理准备，但总希望有关方面会全力营救，早水也受郑母之托，多次去找林秀澄。尽管近卫已下了台，对这位近卫的亲戚和代表，林不得不表面敷衍，但内心嫌烦得很。

最早披露郑苹如殉难经过的是 1946 年 12 月 27 日张振华致《大同报》的检举函，当年国民政府审判档案记载：因郑女士不肯妥协，丁默邨命令林之江执行郑女士之死刑。刑场在徐家汇火车站（今凯旋路 2115 号，即凯旋路、中山西路口附近）之荒野地方。执刑时，行刑者不忍下手，由林之江亲自射击，二中头部，一中胸部。当时郑穿金红色之羊毛内衣，外披马皮大衣，佩有金项链、鸡心挂件等，首饰与大衣均为林之江劫去，林以 300 元塞众人之口。

据胡兰成说，当时劫走的还有一枚钻戒。实际上应当是 3 克拉钻石 2 粒，麂皮大衣 1 件，金首饰 3 两。

那天，特高课长林秀澄以去看电影为名，骗郑苹如上了车。郑当时很高兴，穿了一双金色的靴子，刻意打扮了一下，还洒了点香水。旁坐林之江和一名日本宪兵。她坐在一个早已挖好的四方土坑前，平静地对刽子手说，不要打我的脸好吧。郑牺牲后，“76 号”收起了她的遗体，要郑家拿钱去赎，其时郑家在银行的存款早被冻结，实在无力筹措，所以，烈士遗体从此下落不明。丁默邨在此次事件后，被排挤出 76 号特工总部。

蒋介石题字表彰抗日英雄郑苹如

抗战胜利后，开始惩治汉奸了。郑家终于等来了报仇雪恨的那一天。郑母以受害者家属身份向高等法院起诉丁默邨。可是，在日本投降前夕，丁与两统又搭上了线，自称主动自首、营救过被捕人员，于日本投降初维持地方有功，诉讼阻力很大。连那个曾是郑苹如的同志与上级的嵇希宗，也拿了陈立夫的信来劝说郑家不要告丁。丁的老婆赵慧敏，还有丁的妹妹，拉了丁的一个孩子，提了一只装满了金条的皮包，来到郑家，又求又哭又下跪，只求郑家放过丁默邨，郑母坚决回绝。面对重重障碍，她让南阳去找苹如的同学、律师韩学章出主意，将官司坚决地打到底。最后，在社会舆论的声援下，终将丁默邨这个凶残的汉奸、特务头子送上了刑场。

至于刽子手林之江，于抗战胜利前后又搭上了军统，以"地下工作者"的身份逃脱了制裁。但终究因杀人太多，整日生活在被冤魂追索的幻觉里，最后在恐惧中于20世纪50年代死于香港。

有人说，丁默邨虽然恼恨郑苹如参与对自己的谋杀，但又着实迷恋她的美色，因此并没想要置她于死地，只是想关她一阵子，再把她放出来。但当时的情势却容不得他不痛下杀手，在杀郑前后，丁、李之间环绕警政部长一职与特务工作权属两大问题，已经斗得不可开交，郑案是丁被李点中的死穴，丁高调杀郑以解危局犹恐不及，岂会放过郑。

山河梦碎。荆轲一刺，虽败犹荣。

英雄沉没。美人已随江波去，世间留下的，只是哀艳传说。

爱情絮语

爱的故事里外人都是不知真伪的，只有当事人知道自己的心。所以，无需对外人言明自己爱情故事里的委屈。套一句俗语，不如意事十之八九，能与人言只二三。

◎叁◎　海上妖姬

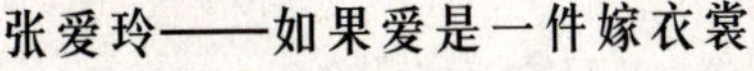

张爱玲——如果爱是一件嫁衣裳

◎ 繁花渐凋零　贵族成云烟（南京）◎

【张爱玲的爷爷奶奶家】

南京白下路东段的南京海运学校一带，张爱玲祖父张佩纶宅

几度铅华，绝染人依旧

张爱玲出身名门，祖父张佩纶，光绪年间官至都察院侍讲署佐副都史，是“清流党”的主角；祖母李菊耦，是晚清权臣李鸿章的女儿。母亲黄逸梵，其祖父是清朝首任长江水师提督黄翼升，张爱玲的继母孙用蕃，其父孙宝琦，曾任袁世凯内阁国务总理。

大凡一个人的个性和思想的形成，都与其自小生长的家庭环境密切相关。甚至再往上追溯，与其家族源渊也有联系。这样一个极其显赫的家庭背景，对张爱玲产生的影响自然也是不言而喻的。

张爱玲祖父母联姻的地方，在南京。祖父张佩纶在南京买下的房子，是一处叫“张侯府”的老宅子，位置在现在南京白下路东段的南京海运学校一带，为清朝时江南提督张云翼所建。在这里，张佩纶夫妇不但合写了一本食谱，而且还合著了一部武侠小说。1927 年国民政府定都南京，次年实行五院制，立法院院长胡汉民慕张佩纶之名，租下了这里作为立法院。

当时的建筑主要有三幢，呈品字形分布，南侧一幢为主楼，东西两楼各连着一个花园。张佩纶将其中的东楼命名为绣花楼，专给李菊耦居住，当地人都习惯称它“小姐楼”。如今保留下来的就是这座东楼。

这个曾作为江苏海事学校活动中心的老房子，是清末建筑风格，青色砖和红色砖相间砌成，有木雕的图纹作为两层楼之间的镶边，有些古朴又有些繁复，透着没落王朝的颓废之气。我小心地爬上年久失修瓦砾遍布的楼梯，来到二楼，各个房门半开着，我妄图在空荡荡的房子里捕捉一些百年前的风语，却又生怕腐朽的木质楼板因我的重量而瞬间垮塌，匆忙下楼，从下往上看去，确有部分楼板已经摇摇欲坠。

在小说《半生缘》里，张爱玲谈及南京城的品格和南京人的个性，也赞赏南京人对爱的态度。“田园城市”南京应该对她始终有一种诱惑力，因为有胡兰成，也因为她祖上的关系。

胡兰成当时住在石婆婆巷 20 号，就在南京东南大学西大门附近。石婆婆巷一头连接进香河路，一头是丹凤街。胡兰成住的洋房，清幽而洁净，有一座高高的围墙，不过，胡兰成旧居早在 1996 年就拆掉了。就在那里，胡兰成第一次看到张爱玲的名字，他在《今生今世》里写着：“那时我在南京无事……翻到一篇《封锁》，笔者张爱玲，我才看一二节，不觉身体坐直起来。”后来，胡兰成便从苏青那里要到张爱玲的地址，专程去上海看她。他与张爱玲的传奇之恋自此开始。后来，在与张爱玲恋爱时，胡兰成还专门去看过张爱玲爷爷奶奶的房子。

李菊耦是李鸿章的掌上明珠，长相秀美，又颇通诗书，直到做了剩女，李鸿章才舍得放手，把她风光嫁人，嫁妆既有金银细软，又有豪房等不动产，两个豪族之间的联姻，在当时就是一大轰动性新闻。据说《孽海花》就是根据李鸿章嫁女演绎而成的，书中庄仑樵的原型就是李鸿章的女婿张佩纶。

这份陪嫁的数量之大，无法估计，直至三十年后，分到张爱玲父亲名下的财产，计有花园洋房八处、及安徽、河北、天津的大宗田产。而这些，仅是李菊耦陪嫁中比例很小的一部分。

由简到奢易，从奢到简难。家道中落的后辈，最是可悲。尽管物质生活上还有金山银山，但总有坐吃山空的那一天。民国初年，改朝换代，在前朝辉煌在今朝苟且偷生的贵族家庭，委实不少。比如翁绶祺之子翁瑞午。翁绶祺是翁同龢的门生，官至广西梧州知府。翁瑞午有实力为寡妇陆小曼的挥霍充当提款机，靠的就是家族的那点厚底子，不过，靠祖产虽还能锦衣玉食，却也必定江河日下。

张爱玲的父亲也是这样，一身旧式学问无用武之地，也没有穷人家的孩子那么能闯荡，只好喝酒嫖妓，醉生梦死，以掩盖心中的惶恐不安。可以说这是时代给他造成的伤痛，他且呻吟且昏昏，可太太却受不了，婚姻走到头，却苦了张爱玲。

李鸿章曾在南京任两江总督，并在南京开学堂、建工厂，推广洋务运动。南京白下区四条巷也有一座李鸿章祠堂，青色的外墙透出不容置疑的威严。祠堂是慈禧当年拨款所建，做工讲究，处处都有精美的雕刻，大殿内每根柱子的顶端都有一座镏金菩萨雕塑。

清风浅唱，月下煮酒祭凉薄

张爱玲曾说："我祖母也是23岁才定亲，照当时的标准都是迟婚。""因为父亲宠爱，留在身边代看公文等，去了一个还剩一个。李鸿章本人似乎没有什么私生活，太太不漂亮……他唯一的一个姨太太据说也丑。"

进士出身的张佩纶，因为一支敢言硬笔，到处弹劾官员，曾经风头很劲。但光绪十年中法马江之战清廷战败，据《清史稿》记载，因马尾之败，张佩纶罚满归京，听候起复。后来被朝廷发配察哈尔。

张佩纶的原配夫人死得早，戍边一年后，第二任夫人边粹玉又在北京病逝。到1888年，张佩纶戍满回到北京时，已是一个光棍汉了。就在这灰头土脸之时，在天津的李鸿章向他伸出了援手。李鸿章特邀张到天津小住，对他欣赏不已，认为他的才干堪称今世蔺相如。张佩纶母亲病逝，中堂大人拿出了自己的俸禄千两，送给张佩纶“以资归葬”。当年四月，李大人又将张佩纶收入幕中，协办文书，掌管机要文件，当了个心腹师爷。入幕半个月后，李鸿章又决定把女儿许配给他，并且闪电订婚。鸿运像专门对准了张佩纶头上砸似的，躲都躲不掉，这一年，张佩纶已四十一岁，李菊耦才二十二岁，两人相差十九岁。

清瘦的身形、不屑的眼神以及孤傲的姿态，勾画出遗世独立的张爱玲

这桩婚姻，几乎无人击掌称好，唯独李鸿章一个人坚持己见，一意孤行。张佩纶年纪偏大不是大问题，关键他是个罪官，哪有前途啊。长得也寒碜点，八字胡，大

腹便便。而李菊耦却是个眉清目秀的美女，脸若鹅蛋，双眸如漆，还有一股书卷气。能诗，善琴，懂得奕棋、煮茗，对书画有很高的鉴赏力。母亲哪舍得宝贝闺女挑来挑去挑了这么个货色，但最后，菊耦自己点了头，因为“爹爹眼力必定不差”。

张爱玲的祖母李菊耦及其母亲

不用说，李鸿章显然是惜才之人。他在致友人的信中说：“平生期许，老年得此，深惬素怀。”看来，想招一个知名才子做女婿，便是他一直所想所愿。现在如愿以偿，让他颇为得意。

当然，好事也不会让张佩纶一个人占了去，李鸿章的长子李经方就替妹妹抱不平，怎么看这个妹夫都不顺眼，于是他买通了几个御史，蜂起弹劾张佩纶。说张佩纶遣戍释放后，不安本分，又在李鸿章署中干预公事，招致物议。随后就有圣旨下来，命李鸿章把张佩纶撵回原籍去。彼时，太平天国已经败亡，战乱后的南京房产很便宜，不少官员都在那里置业。李鸿章便让女儿、女婿搬到南京去住。

美好的时光总是短暂，父亲李鸿章刚刚去世两年后，丈夫张佩纶也走了，年仅 39 岁的李菊耦就成了未亡人。当时，张爱玲的父亲张廷重 7 岁，姑姑张茂渊 5 岁。

家国之变故，给这位世家小姐的内心带来了巨大的冲击。这位最后的名媛脾气喜怒无常，孤独僻怪。张爱玲后来形容一张奶奶中年时的照片为

“阴郁严冷”。

昔日尊贵如烟散去，人情纸薄，李菊耦只有把所有希望都寄托在孩子身上，她要不吃馒头争口气，一定要培养子女成材。她督促儿子背书，背不出就狠狠地打，动不动就罚跪。然而随着时代的变迁，旧式教育已然越来越派不上用场，张廷重纵有满腹诗书，又有何用呢？

也是在这座老宅，张爱玲的父亲迎娶了张爱玲的生母黄逸梵。黄逸梵的祖父黄翼升曾是李鸿章的部下，官至清末长江七省水师提督。黄家宅院在莫愁路上的朱状元巷 14 号。

| 爱情絮语 |

曾见过路边的简易婚恋市场，绳子上贴着一张张像谜语一般的纸条，上面所写的都是剩女的条件，诸如留学博士，芳龄三十几等等，不由唏嘘。优秀女性竟然落到沿街叫卖的地步了吗？李菊耦好在听话，老爸爱才，就嫁了他。

◎ 女校逢恩师　国文脱颖出（上海）◎

【圣马利亚女校】

圣玛利亚女校仅剩的残壁断垣

张爱玲的母亲黄逸梵深受五四新潮的影响，20 年代出国留洋，学过油画，跟徐悲鸿、蒋碧微等都熟识，是真正的新派女子。

1924 年夏天，因为不堪忍受丈夫纳妾，已经 28 岁的黄逸梵决定出国游学，谁也拦不住，那一年张爱玲刚满四岁。想到年幼的两个孩子，万念俱灰的婚姻，她趴在轮船边上哭着颤抖着，汽笛鸣响，不得不恋恋不舍地离开了。

父亲只好带张爱玲去姨太太那里。她不肯去，就用脚蹬着门框大哭，父亲连打带哄说，姨太太的小公馆有很多好吃的，好不容易才把她弄了过去。

1927 年，父亲失业了，姨太太哪里撑得起这个家。于是，他赶走了姨太太，要求黄逸梵回国。黄逸梵带着希望回来了，举家从天津搬回到上海有花园的洋房里。

就在这样的风风雨雨中，张爱玲长大了，上了中学。张爱玲所读的圣玛利亚女校，是基督教圣公会办的一所女子贵族教会学校，按现在流行的说法，叫贵族中英文双语学校。

圣玛利亚女校，位于中山公园西南侧，在上海白利南路，今长宁路 1187 号。原本位于圣约翰旁边，与圣约翰大学附中一道，为当时沪上最著名的两大美国基督教教会学校。

1921 年迁至白利南路，旧上海滩的很多名媛淑女都出自这所学校，其一年学费相当于普通工人 10 个月的工资。尽管如此，许多中产阶级以上的家庭仍以能将自己的女儿送进该校为荣。因为他们都希望自己的女儿在这里可以练就淑女风范，踏进上层社交圈，嫁入豪门。如今，这里是东华大学纺织学院长宁分校区。

1952年6月，圣玛利亚女中和中西女中合并后，改名为上海第三女子中学。

中西女中原名中西女塾，由美国基督教卫理公会创建于1892年。当年建于今西藏中路沐恩堂东侧，吸收中国信徒的女孩入学，宋庆龄三姐妹曾就读该校。1916年教会将校舍出售给扬子公司建造扬子饭店，即今申江饭店。此后，校方在沪西忆定盘路，今江苏路155号购地另造分校，1930年改为中西女中。

曾就读于圣玛利亚女中的旧上海市长吴国桢的表妹俞秀莲回忆，当年班上三十几名同学全是上海滩显赫家族的女子。每逢学生一月一次的回家日，校门口便排起汽车长队；其中有位郑姓同窗是杜月笙的儿媳，而像张爱玲那样家世的学生，在班里算是比较卑微的。当时的张爱玲很瘦，也不好看，人很文气，穿着很朴素，学习极用功，老师很喜欢她。

的确，张爱玲那会儿很清瘦，衣着也不时髦，那时流行的是窄袖旗袍，可她穿的是宽袖。后妈给她带来一箱子自己穿过的旧衣服让她穿，也不管那些式样是否过时了。女孩子总是追逐时髦的，爱玲却没有这个条件，这说来也真是滑稽，爱玲祖上的钱原是比银行还多的。后来，爱玲对大红大绿的奇装异服总是情有独钟，也许就是早年种下的因，她是如此张扬，潜意识是想说，你看，你看，我有多时尚。

张爱玲上世纪七十年代放弃英文创作重返中文文坛后，写了一个中篇小说《同学少年都不贱》，正是以她中学时代的生活为蓝本。小说写的是上个世纪三十年代上海某所教会女中一个寝室里赵珏、恩娟、仪贞和芷琪四位女生的课余生活，着重展示了在封闭的环境下少女性意识的萌发。整部小说人物刻画鲜明，对话颇为生动，沿袭了张爱玲一贯的细腻文风：有点荒烟蔓草的校园，无论星期日寂寞无人的盥洗室，夏夜没装纱窗的寝室飘进来的一阵阵江南绿野的气息……这些，正是圣玛利亚女校当年静穆恬美的校园风貌。

这里的学生，每年都有因不堪课程压力和管制严格而退学的，但张爱玲似乎游刃有余，各科成绩都是甲或 A 。

学校的课程，分为中英文两大部分。英文部，设置了英语、数学、物理、西洋史、地理和圣经等课程，全部采用英文授课，教师也全都是从英、美聘来的，其中以“老小姐”居多。中文部则设置了国文、国史和中国地理三科，担任教师的，初中部多为师范毕业的中国女性，高中部则多是前清科举出身的遗老。

英文教师的待遇比国文教师好很多。英文教师每人都有一间休息的书房，国文男老师只能呆在收发室里休息。学生们的英文都很好，国文水平则不敢恭维。有人连病假条都写不通顺，居然可以写成：“某某因病故请假一天。”

1936 年秋，在张爱玲中学生涯的最后一年，班上新来了一位国文教师汪宏声。汪先生到校后，力图扭转校方此前轻视国文的倾向。他上的第一堂作文课，就为学生出了两个过去从来没见过的题目：《学艺叙》和《幕前人语》。学生们的作文言之无物，只有张爱玲的自命题作文《看云》，行文老道，用词华丽。汪先生对张爱玲的作文大加赞赏，当众朗读了一遍，同学们投来欣羡的目光，张爱玲虽然面无表情，但心里开心不已。

在汪宏声老师的带动下，圣校的文艺空气渐渐活跃起来。学校当年的校刊《凤藻》已经做得很精致，十六开本，棕赭色羊皮面封面，道林纸印刷，内容有中英文两部分，现于上海市档案馆珍藏。1933年，张爱玲在该校刊发表了第一篇散文《迟暮》。此外她还包揽下了大部分的插图，毕业留念时她还为全班同学绘制了30多幅真人头像加卡通身段的肖像画，并签上了她的英文名字Ailing。

张爱玲在英文习作《心愿》中这样写道："与全中国其他学校相比，圣玛利亚女校的宿舍未必是最大的，校内的花园也未必是最美丽的，但她无疑有最优秀、最勤奋好学的小姑娘，她们将以其日后辉煌的事业来为母校增光！"

张爱玲的"贵人多忘事"比文采斐然更加出名。她经常欠交作业，包括擅长的作文也是如此。老师问起，她总是毫无愧色地说一句"我忘啦"，老师们对此毫无办法。有一次，汪老师向她催交一篇作文，张爱玲也只是笑笑，并无太多愧意。隔不多久，她交上了一篇《霸王别姬》。这是一篇随兴而写的历史小说，而且还拆成了两篇来顶数。

她的卧室是最乱的一间。那时候，舍监如果发现有人的鞋子不按规定放在鞋柜里，就会把鞋放在寝室门口的走廊上示众。张爱玲的皮鞋"出镜率"最高。可是她并不在意，大不了说声："啊哟，我忘了放在柜子里啦！"

1937年夏，张爱玲从该校毕业。不过她们的毕业典礼，是过了一年后，才借用贝当路上的美国礼拜堂举行的。在典礼上，汪宏声专门找到张爱玲，鼓励她今后不妨多写。张爱玲对汪老师一直是感激的，数年后她从香港回来，一见老同学就问汪老师的情况。听说汪老师当时不在上海，竟不免有些惆怅。

爱情絮语

作文好，颇得老师赏识，像琼瑶《窗外》的情节前奏，但后来的事情却并不像琼瑶的师生恋那般惊心动魄，不过，爱玲对语文老师一定是怀着好感的。有些情感，淡淡的，最好。

◎ 叹父母离散　听心碎声音（上海）◎

【张爱玲出生地：张家公馆】

上海麦根路 313 号，今康定东路 87 弄张公馆

窗前空影，凄冷长长

1920 年 9 月 30 日，张爱玲出生在上海公共租界的张家公馆，出生的时候，她叫张瑛。

张公馆位于上海公共租界西区的麦根路 313 号，在今天的上海静安区康定东路 87 弄，临近苏州河的地方。这是一座清末民初的老洋房，风格是那时流行的西洋式样。

它是李鸿章送给自己的女儿、也就是张爱玲祖母的陪嫁物之一。

这栋老房子四面为房间，中间是一个宽阔的天井，朝内一面有连廊可通行，因而名之“走马楼”。

小楼共有二层，后来顶层有人加盖了阁楼，外墙上，有一些西洋式的花纹装饰。二楼有一个宽敞的大阳台，本来四周还有一个很大的花园，而现今，花园也不在了。

父亲和母亲，一个是宰相孙儿，一个是军门的孙女，当初的一对金童玉女却成了怨偶。大红灯笼高挂的喜筵仿佛就在昨天，谁不说是天生一对，地造一双。满世界的喜气怎就变成了哀怨，变成了决裂。婚姻向来是牵一发而动全身的真实游戏，要么听命，要么改变，但是，离异对子女的伤害也许是一生一世。

年轻的夫妻在张爱玲三岁时合力看护她的伤寒症，这件事，张爱玲不止说过一次，倒像是此地无银三百两一般说自己还是父母疼爱的宝贝。一般人谁会记得三岁的事情，年岁再大，父母的爱也是天经地义的，饿了便会大声使唤爹娘，我还没吃饭呢，快给我做，这样的霸道里是浓浓的天伦之爱。

父母子女之间的血缘之爱，是怎样都抹灭不掉的，只是因人而异，有人儿女心重，有人儿女心轻，轻重之间，已是别样天地别样人生。张爱玲，在以后的漫长岁月里，只能靠幼年回忆里的一点余温温暖自己，想想，真是可怜。

后来，黄逸梵眼高心广，她痛定思痛，决定了，要给自己一个出路，伤及孩子却是难以避免。对于这个爱狎妓的丈夫，她实在是失望透顶了，这都什么年代了，还来八旗纨绔子弟的这一套，胸无大志，沉溺酒色，也不看看显赫家族都没落成啥样了？民国是全新的时代，怎么就不晓得奋发图强呢？这样的颓废快要让自己窒息了，这样的生活她一天也过不下去。她要离开这个家，哪怕担上不贤惠以及未尽母责的罪名，让别人说去吧。终于，她果断切断了和这个家的纽带，撇下一双年幼儿女远渡重洋而去。

她对女儿说的话，寒光闪闪，揭去了温情的面纱，让女儿直面冷酷冰冷的世界："如果要早早嫁人的话，那就不必读书了，用学费来装扮自己；要继续读书，就没有余钱兼顾到衣装上。""要读书，我虽可帮你拿学费，但总得你自己拿定主意。这一去，总没有回头路。前途是你自己的，不能事事都让我帮你安排，要争取要放弃，你自己要想清楚。"世事不可两全，人要学会抉择。

儿子来了，她淡淡地说道："我现在没有收入，又要供你姐姐念大学，经济上已经很吃紧了，实在没有办法再多负担一个！你回家，跟着父亲，将来张家还要靠你。"对于生活她冷静如石，兵来将挡，水来土掩。

黄逸梵这样教训张爱玲："真不敢想象你一个人到国外怎么生活？嫁人也不成！你连基本生活的常识都没有，事事要我从头教，等把你都教会了，好的对象也都给挑拣光了！"黄逸梵说的是大实话，她是恨铁不成钢，懊恼于张爱玲生活上的弱智，这话真是含着张爱玲小说用词的冷幽默。

但是，作为写作有天分的作家，必定在生活能力方面有些薄弱，老天貌似是公平的，给了你这样，就不会给你那样。可是母亲的心必定要自己做了母亲才有体会，爱之深，便痛之切，话糙理不糙，措辞若委婉，怕不能直达病根，措辞若直接，又在孩子心中种下恨的苗。不说不成，不说是没有责任心,说了也不成,说了等于给自己树了一个敌人。黄逸梵还是说了,说得狠极了，也不怕孩子真的想不开做了傻事："我懊悔从前小心看护你的伤寒症，我宁愿看你死，不愿看你活着使你自己处处受痛苦。"她的嗓门不大，却振聋发聩。

母亲的性格里独立冷静的特质尽数遗传给了张爱玲，所以，世人看到她总是一双冷眼写尽男欢女爱，看着她写的那些文字，让人觉得像是吹着透心凉的冷气。到后来和胡兰成离异后，远走异国。在他乡还要照顾年迈生病的丈夫赖雅，却一直没有被生活击倒，靠的就是早年被她母亲黄逸梵训练出来的种种能力。

张家公馆里面是古墓般的幽暗，好在张爱玲能够在上海这个国际大都市的文明里，呼吸着西方文明带来的新鲜的空气。

1934 年夏天，张爱玲的父亲再婚，迎娶孙宝琦（段祺瑞执政时总理）之女孙用蕃。订婚仪式在浦江饭店举行，14 岁的张爱玲难以接受。

"房屋里有我们家的太多的回忆，像重重叠叠复印的照片，整个的空气有点模糊，有太阳的地方使人瞌睡，阴暗的地方有古墓的清凉。房屋的青黑的心子里是清醒的，有它自己的一个怪异的世界。"随着父亲 1930 年再婚后搬回康定东路 87 弄，张爱玲再次来到自己和弟弟小时候出生和生长的地方，那种感觉真是五味杂陈，房子还是一样的房子，父亲身边的女人却不再是母亲。

"我生在里面的这座房屋忽然变成生疏的了，像月光底下的，黑影中现出青白的粉墙，片面的，癫狂的。Beverley Nichols 有一句诗关于狂人的半明半昧：'在你的心中睡着月亮'，我读到它时就想到我们家的楼板上的蓝色的月光，那静静的杀机。”

其实，父亲也是为爱玲的文学天分所骄傲的，每次来客人，都会拿她的习作炫耀一下，看，这是小瑛写的。可是，他喜怒无常，也会打张爱玲，有时候，姑姑来拉架，连姑姑一起打了。真是霸道，凭什么？若是他接受过西方教育，必不会如此吧。可是他小时候是被自己的母亲一路毒打过来的，不听话就要打，书背不出来也要打，所以他才会如此对待自己的女儿。

妻子黄逸梵是一位貌美聪慧而且极有个性的女子，他无法驾驭，所以只有在风流放荡时心理才能得到空前的满足。他控制不了社会的日新月异，掌握不了妻子女儿，而妓女在他面前却是百依百顺的，这让他可怜的男性自尊稍稍感到了一些平衡。他多想她能在受尽飘零之苦后回到他们的家，像第一次漂泊归来时一样，可是，这一次她再也不想回家了，而且，她已经有了深爱的情人纠葛。

自己可以花丛逍遥，却容不下女人有了别的男人，狭隘的男人就是这样的思维模式，愤懑之余，只有拿爱玲出气。

1938 年，张爱玲因与后母发生冲撞，父亲大怒把她关了起来，气势汹汹地扬言要用手枪打死她。这一年，张爱玲从这里逃了出去，再也没有回来。

爱情絮语

女强男弱的婚姻总是比较累的，除非这个男人对女人唯命是从，同时，这个女人也要乐于时刻冲锋在前，护好身边的男人。生活中这样的例子应该很多，不过，张爱玲父母这一对，明显非这一种。

◎ 拥知己夫君　等虚假背影（上海）◎

【常德公寓】

上海常德路 195 号，常德公寓

常德路 195 号，有一座过去叫作“爱丁顿”现在叫“常德公寓”的意大利式建筑，现已斑驳，但依旧显得鹤立鸡群。不远处是风塘风情街和爱玲笔下的电车场（现也正在被拆除）。轻轻走近，发梢可触的老房子的尘埃，在撒落的灰尘气息中仿佛还在如泣如诉地回忆着那段令人心碎的往事。

兰蔻词工，香远风流匿

张爱玲逃出康定东路 87 弄后，就投奔到母亲和姑姑住的开纳公寓，现武定西路上。

“在上海我跟母亲住的一个时期，每天到对街舅舅家去吃饭，带一碗菜去，苋菜上市的季节，我总是捧一碗乌油油紫红夹墨绿丝的苋菜，里面一颗颗肥白的蒜瓣染成浅粉红。”张爱玲这样描写这段快乐的日子，宁跟着要饭的娘，不跟着做官的爹，大约就是这样的感觉。这段日子大概有一年左右。

之后张爱玲便和姑姑搬到了位于静安寺路和赫德路交界口的爱丁顿公寓。

1935 年，公寓竣工时建筑面积为 2663 平方米，为八层钢筋混凝土呈凹形建筑，正立面设置宽阔的大阳台，为十分典型的 Art.Deco. 现代风格建筑。建筑师充分利用几何线条来作装饰，显示现代美感。为了打破正面层层阳台的横线条造成视觉上有矮胖的感觉，建筑师就在正立面中央采用竖线条处理手法，并突出门厅的位置。

当年这里属于公共租界，有“中国租界的小拉丁区”之称，因其设施现代精致，租金昂贵，且都是只租不卖，而且要求付美元或金条，当年入住的都是外国人或是有点身份的人。

现在，爱丁顿公寓有了新的名字叫作常德公寓，坐落在上海常德路 195 号的在南京路和常德路交界处。

上海在晚清开埠后，千姿百态的洋楼拔地而起，其中不乏华美耀世之作。这种 Art.Deco 风格的公寓在当时蔚为时髦，20 世纪初集中在静安寺路两侧呈现。1989 年，由于常德公寓是保存完好的民初建筑，和其他 60 座建筑一起被第一批授予“市级文物保护单位”称号。

静安寺路就是现在的南京西路,上海的时尚高地。1942 年的静安寺路，也是张爱玲眼中的风景。

南京西路东起西藏路，西止延安西路，全长约 2033 米，原名静安寺路。1945 年改为南京西路至今，被称为上海时尚制高点、世界顶级品牌专卖店集中之处。但在百多年前，这里原为李鸿章因镇压太平天国所需而建成的一条行军小道，之后英租界当局在此筑跑马场，为方便来往马场运输物资，将这条泥泞小路拓宽延伸，并埋下水道管铺上石子路面，上海人俗称蛋鸽路，路两侧还种上了英国人喜欢的悬铃木，由于穿过千年古刹静安寺，故名静安寺路。这条路因为这样的因果和张爱玲结缘，不能不说有点让人诧异。

静安寺一带是张爱玲和其小说里主人公的重要“据点”，张爱玲本人在上海居住时间比较长的地方也是在静安寺附近,这里是老上海的“西区”，为富贾贵族公馆、私家花园云集之地。

这座公寓肉粉的墙面夹杂着咖啡色的线条，苗条而颀长，这种肉色如同定妆粉那般的颜色，像极了那位遗世的佳人，一袭华丽的旗袍，高高的旗袍立领上，倨傲的仰着头，噙着一丝睥睨的笑意向远方望去。

如今，临街的底楼大都辟为店面，楼前一排梧桐，听风听雨听人间悲声笑语，摇落多少繁华入尘。

走进去，北墙上还留着昔日考究的木质旧信箱，只是上面已经积满了

常德公寓底楼开着一家书店，据说，这家书店就是张爱玲当年最爱的起士林咖啡馆的位置。当年，她常在此一边喝咖啡，一边写作

经年的尘土。

一部需人工操作的老电梯摇晃而上，六楼左转 65 室，便是过去张爱玲家的大门。墙上的涂料和门上的油漆虽已剥落，却掩不住昔日的豪华。门上有一个玻璃的小窗口，后面用布帘掩着。每次来人，可以掀起布帘，打量一下来者。大她 15 岁的胡兰成第一次拜见张爱玲，按响了这个门铃后，吃了闭门羹。张爱玲通常不见生人，他只好从门缝塞进了一张纸条。

胡兰成，曾担任汪伪政府中央执行委员、宣传部政务次长、行政院法制局局长，风光一时。1943 年 11 月，赋闲在家的胡兰成翻开刊登有自己文章的《天地》杂志，里面一篇《封锁》，深深吸引了他。自诩才子的他一定要会会这个才女。 最终他们相爱相恋，惺惺相惜淡淡相伴，只是这样的好时光没过太久，想必胡兰成就腻了吧。

公寓为一梯二户，户型有两室户和三室户，客厅面积较大，并设有壁炉。张爱玲住在两室一厅，走进房门是一条狭长的走道，通到屋子中间的一个厅。站在厅里左手边是两个卧室，张爱玲住在靠近门口的小间，姑姑住在通向阳台的大间。

厅的右侧是张家的厨房，厨房外面也是一个阳台，意大利风格，从这里可以望见不远处愚园路上飘舞的梧桐叶，和深夜里排着队回家的电车。

1939 年，她与姑姑住在常德公寓 51 室，随后，她远赴香港大学进修文科。不久，香港沦陷，张爱玲又回到了上海，于 1942 年住进了常德公寓的 65 室，从此卖文为生。直到 1947 年 6 月，她与胡兰成离婚后不久，才与姑姑迁居梅龙镇巷内重华新村 2 楼 11 号。

张茂渊是独立自主的职业女性，自己挣钱自己花。在无线电台当播音员，每天工作半小时。她曾感慨地说："我每天说半个钟头没意思的话，可以拿到几万的薪水，我一天到晚说有意思的话，却拿不到一个钱。"爱玲和姑姑一起住了十年，张茂渊一直没嫁，却不是没有爱的人，年少时一见倾心，他也喜欢她，却听说她是李鸿章的外孙女而未娶她。真是书生意气，迂腐之极。她倒也不恨他，还和他来往了整整一个甲子，直到 86 岁才和他结婚。从婵娟两鬓秋蝉翼的少女到鸡皮鹤发的老太太，她始终是一颗少女心，对他痴情不悔。她真能等！

李开弟发妻临死时对张茂渊说了这样一番话："当初李开弟对你的出身抱有偏见，对你的个性也不甚了解，就拒绝了你，等李开弟了解你的为人个性，了解你的坚韧不拔的恋情之后，我已经怀孕，和李开弟再也分不开了。60 年来，你没越雷池一步，你视我儿子为己出，李开弟视张爱玲为己女，我过世后，希望你能够和李开弟结为夫妇，以了结我一生的夙愿。”她要付出多少才能让另一个女人心甘情愿说出这样的话。要知道，爱情是自私的，情敌之间是你死我活的。

张爱玲笔下妙趣横生的《公寓生活记趣》，写着她在这快乐城堡里的喜怒哀乐的青春。《对照记》里便真真切切地留着它曾经的影像：三十年代的家具，大圆镜子配着花，一张单人沙发。

她还在这里写下了《沉香屑第一炉香》、《倾城之恋》、《金锁记》、《红玫瑰与白玫瑰》等传世佳作，尖刻冷峻的笔触，繁华苍凉的文风，看透世态人情，大俗又大雅。她的文字在孤岛时期的海派文学中杀出一条血路，艳惊四座。无数出版商、杂志编辑乃至电影制片人都纷纷前来索取她的稿子，他们对着这个眼神里孤傲、睥睨一切的女孩陪尽了笑脸，说尽了好话。

然而，这个出身名门的“最后的贵族”却为爱情飞蛾扑火，全情投入文化汉奸的怀抱，让很多文化人深感惋惜。在当时的上海，张爱玲的确是个异数，作家都在写救亡主题的沦陷区苦难生活，她充耳不闻，与世隔绝。公寓转角是宽大的弧形阳台，张爱玲最喜欢在这里俯瞰静安寺路，傍晚看“电车回家”——一辆衔接一辆，像排了队的小孩，嘈杂、叫嚣。深夜，“百乐门”飘来尖细的女声“蔷薇蔷薇处处开”。

写得累了，张爱玲喜欢逛街去，四周的店铺是她最常去的地方。

她会去“凯司令”蛋糕店买栗子蛋糕，粉红色的绉纱纸颤巍巍地托起一方小小的奶油蛋糕，蛋糕全由栗蓉做成，这曾经是张爱玲和好友炎樱最喜欢的小点心。

她也会去“绿夫人”时装店逛一逛。南京西路石门二路西北角，德义大楼下面，是“绿屋夫人时装沙龙”的旧址。德义大楼起建的1928年，正是装饰艺术派在工业和建筑设计中最流行之时，墙面采用褐色面砖并镶嵌图案，立面还有饰带和4座人像雕塑，底商多为奢侈品专卖店。当时的“绿屋”是上海顶级服装店，经营策略十分独特，从衣服、鞋帽到各种配饰一应俱全，任何一个女子走进去，出来就能从头到脚脱胎换骨，但代价也是非同一般的昂贵。如今，“绿屋夫人时装沙龙”已无处寻觅。

常德公寓底楼开着一家书店，倒是应和了张爱玲的文气。书店内环境雅致，老式五斗柜上放着唱片机，颇有老上海风情，书架上很多华美精装书，最多的自然是张爱玲的作品。坐在这里翻看她的文字，可以真切感受到此时此地，这些活生生的文字就是在六楼的窗台前飘散出来的，若有高且瘦的女子经过，便会疑似故人来。据说，这个书店就是张爱玲当年最爱的起士林咖啡馆的位置。当年，她常在此一边喝咖啡，一边写作。

露吻风残金锁锈，为他低到尘埃里

通常来说，爱上的是什么人，就决定了爱情的命运，种什么因，便得什么果。

说什么情路坎坷，到头来不过是识人不察。

坚强高傲的张爱玲，爱上的那炉香，究竟是什么香味?

原来，他是难以抗拒的玫瑰香。是魔力般的诱惑。

那是她最好的年华，像一朵鲜花开得正茂。却因为一个男子的不请自来，从孤高处顿落尘埃里，变得很低很低。

女孩子的初恋是时刻充满喜悦的，这样的心情她写在文章中："于千万人之中，遇见你要遇见的人。于千万年之中，时间无涯的荒野里，没有早一步，也没有迟一步，遇上了也只能轻轻地说一句：'哦，你也在这里吗?'"

一个涉世未深的少女，一个大她许多的情场老手，他成了她关于男女之情的学校，让她经历着，爱着痛着。后来，她这样写下学习的心得，"男人憧憬着一个女人的身体的时候，就关心到她的灵魂，自己骗自己说是爱上了她的灵魂。惟有占领了她的身体之后，他才能够忘记她的灵魂。"

她的文字语不惊人死不休，用惊悚来形容也不夸张："男人彻底懂得一个女人之后，是不会爱她的。"

"也许每一个男子全都有过这样的两个女人，至少两个。娶了红玫瑰，久而久之，红的变成了墙上的一抹蚊子血，白的还是'窗前明月光'；娶了白玫瑰，白的便是衣服上的一粒饭粒子，红的却是心口上的一颗朱砂痣。"

对于当时的世事，她这样写道，"硕大无比的自身和这腐烂而美丽的世界，两个尸首背对背栓在一起，你坠着我，我坠着你，往下沉。"

她的朋友沈寂第一次来到常德公寓，是由与张爱玲相熟的吴江枫带来的，谈话之际，从里屋出来一位男子，一身纺绸衫裤，折扇轻摇，飘逸潇洒，坐在一旁默默聆听。在路上沈寂问吴江枫："看张爱玲的神色，似乎并不愉快。”吴江枫笑道：“她不愉快，是因为我们在她家里看到了她的秘密客人胡兰成。”

1944年，二十三岁的张爱玲与胡兰成结婚。她的朋友炎樱和苏青是证婚人。

“我一见张爱玲的人，只觉与我所想的全不对。她进来客厅里，似乎她的人太大，坐在那里，又幼稚可怜相，待说她是个女学生，又连女学生的成熟亦没有。”在《今生今世》里，胡兰成记述了和张爱玲那场只维持了三年的婚姻，第一次见面，胡兰成竟要和她斗，向她批评当时的流行作品，还讲他在南京的事情，“只有在她面前，我才如此分明的有了我自己。我而且问她每月写稿的收入，听她很老实的回答。初次见面，人家又是小姐，问这些是失礼的。”

“在爱玲面前，我想说些什么都像生拉胡琴，辛苦吃力，仍道不着正字眼，自己着实懊恼，每每说了又改，改了又悔。”在胡兰成的眼里，这个才气漫溢的女人喜欢闻气味，喜欢喝浓茶，“她调养得自己像只红嘴绿鹦哥”。

如此一个把振保、世钧们看得清清楚楚的聪明女人，机智清醒到简直被后人看成不可复制的传奇，却仍旧逃不开当局者迷，旁观者清的宿命，轮到她自己，依然和天下所有的女人一样痴情，她的快乐与糊涂，也都是那样满满的，并不减少一分。

一个博古通今、妙笔生花的胡兰成，让张爱玲有寻觅到知心爱人的幸福感觉。殊不知，他不过是一个文化较高的情场老手。在《今生今世》里，字里行间都是凤凰男的炫耀，这么出色的女人，却也只能和我唱和应答呢！

当真心爱上一个人时，她说：“你问我爱你值不值得，其实你应该知道，爱就是不问值得不值得。”这句谬误之谈，现在还被很多男女奉为经典，贪恋些许的温存和理解，而忽略其他很多的伤害，还自认为是爱的浪漫，实在叫人啼笑皆非了。

胡兰成因工作之便，对郑苹如刺杀丁默邨事件十分清楚，而且，这个案子的插手人之一、政治警卫总署警卫大队长吴世宝的老婆佘爱珍，还是他的情妇。胡兰成为张爱玲提供了《色戒》的素材。

1946 年 11 月，东躲西藏的胡兰成在这个公寓住了一个晚上，第二天清晨，他与张爱玲诀别，那曾经的美好时光一去不返，再也回不去了，张爱玲泪眼朦胧地和这段凄婉的爱情挥手作别，唤了一声“兰成”便泪流满面，“我将只是萎谢了”，她知道，她的爱情和才情都已灰飞烟灭。

看着深爱过的男人像孩子一样无助，这何尝不是一种领悟，就让我看清楚，我曾有的爱人的面目。

烟视媚行向明月，可惜明月照沟渠

钱钟书在小说《围城》里借方鸿渐的口说出了男人对于才女的心态，“说女人有才学，就仿佛赞美一朵花，说它在天平上称起来有土豆番薯的斤量。真聪明的女人绝不要做成才女，她只要巧妙的偷懒。”

胡兰成之所以和张爱玲结婚，不是出于爱，而是，那个当口，他以有妇之夫之身南京上海两地跑，大享齐人之福的事情被老婆发现，老婆要和他离婚。那个年代，因为男人有小三就要离婚的真是少数，从这一点上看胡兰成的老婆还真是有骨气。胡兰成从不缺女人，走便走了，不是还有张爱玲吗，虽然他更多只是想把她作为精神上的红颜知己。

胡喜才女但也要人比花娇，还要狐媚功夫强，既是解语花又有母性，于是，后来他抛弃爱玲是用脚趾头都能想到的结果。海誓山盟之后不久，胡兰成就爱上了一个 17 岁的小护士，继而又爱上了昔日同学的庶母。他理直气壮地对张爱玲说，和她的爱情是“仙境中的爱”，和其他女人的爱情是“尘世中的爱”。

至于他后来又厚着脸皮想和张爱玲重归于好，还给炎樱写信希望她再做红娘，那也是因为情势所迫。当时，惩处汉奸的风头过去，他想再次回归江南佳丽地，同时也因为他玩腻了那些别人的老婆，便又想起单纯的张爱玲来了。

胡兰成毕竟是个文人，和张爱玲的关系总能满足他文人的虚荣心，因为张爱玲的才华世人瞩目。然而，当他的虚荣心得到满足之后，便又故伎重演，狎妓癖好再度萌发。

早在两人结婚前的热恋期，张爱玲就知道他这个臭毛病，只是少女的初恋是让人魂飞魄散的，只要这个男人能偶尔抚慰一下自己寂寞的灵魂，其他的就都不重要了。张爱玲对于恋人情感的纯洁性不敏感，不是因为她是个异数，而是因为她也是爱才之人，尤其在倾慕的男性上面，一定要文学造诣非常深刻，而这一点，舍胡兰成其谁呢?

她是对得起他的。1946 年 2 月，她去胡兰成逃亡之地的温州找他，远

晚年的胡兰成

远看见温州城心中就充满了无比的温暖。在她眼里，这温州城就像含着宝珠在放光，因为那里有他。他曾经给予她的那一点温存她如窖藏美酒般珍藏，寂寞的时候便会拿出来品尝一二。尽管，她最后是伤着心离开温州的，因为胡兰成在这里依然是左拥右抱，但她还是把自己的巨额稿费寄给了他，尽管她也十分拮据。她这样做，不但是因为自己的情感还在一直向前奔驰，还因为她要让他后悔。用自己的好去换他后半生的悔愧，她觉得值得。

从爱情灼烈的热度里，她越来越清醒了。这一次，她回绝了他，以最优美的一个转身，她答复说，“我已经不爱你了，而你也是早就不爱我的了。”

这让胡兰成一时间语怔。

才女和一般的女人的区别就是，在情场上铩羽而归，不会倒地不起。因为与爱情线并行的还有事业线，张爱玲每一次的转型创作都会成功，她编织故事的能力堪称一绝，似乎，她来到世界上就是为了编故事来的。究其根源，她贵族的出身让她感受到的上流社会和后来接触到的底层社会，都让她对这个世界的洞察入木三分。

前半生在上海绚烂，后半生在海外漂泊，她清晰地意识到，从她母亲这一辈起就急于摆脱的家族血脉，一直在她身体里，纵使她逃了一生也终究未曾逃掉。晚年，独自生活的张爱玲想起过往的亲人，不由写道，"我爱他们！现在他们正静静地躺在我的血液里，到我死的时候，再死一次。"

张爱玲的暮年，静坐庭前，赏花饮茶，将浮生交付禅心，那青梅煮酒，罗裙映阶绿的回忆已经成了黏在衣服上的隔夜饭粒，不必记得，我曾鲜衣怒马，绝逸倾城。

这个民国时代的临水照花人，在 75 岁时，带走了一生的曼妙浮华。

| 爱情絮语 |

张爱玲和胡兰成的爱情，说的人太多，从三毛写的《滚滚红尘》到数本张爱玲的传记，叹不尽那句"低到尘埃里"，红口白牙冷眼看别人的才女在自己喜欢的男人面前，幸福而哀伤地沦陷。医者不自医。

◎肆◎ 聪颖玉女

孙多慈——若你懂得，为何不对我慈悲

◎ 一场师生恋　山雨风满楼（南京）◎

【原中央大学艺术系】

中央大学的部分旧址，在现在的东南大学内

1928年的中央大学艺术系原址究竟在今天的哪个大学？我几经辗转打听，竟无人知晓，因为年代过于久远，很多人的初始记忆年代都在1945年抗战胜利之后，最后，终于在一个年近七旬的老教授那里找到了答案。原来，当时的艺术系原址就在现今的东南大学，具体是哪一个教室便无从查询了。老教授的推断是这样的，那个时候，艺术系的规模很小，不可能有一座单独的教学楼供给艺术系使用，所需要的也就是两三个教室。虽不能找到确切位置，不过一定是在现今的东南大学内无疑。

1902 年，三江师范学堂创建，这便是东南大学的前身。1928 年学校改名为国立中央大学，设有理、工、医、农、文、法、教育七个学院。

走在东南大学的校内，一些建筑历史久远的老房子时而映入眼帘。学校的大礼堂是著名的古老建筑，在喷水池前取景画画，犹如欧洲名胜古迹。大礼堂位于东南大学校园中央，与南大门在同一条中轴线上，由英国公和洋行设计，于 1930 年 3 月 28 日动工兴建，1931 年 4 月底竣工。三层钢筋混凝土结构，属欧洲文艺复兴时期的古典式建筑风格。正门朝南，门厅立面上部为四根爱奥尼亚式列柱。大礼堂顶部为钢结构穹隆顶，高 34 米，外部如球体状，用青铜薄板覆盖，自然锈蚀的铜绿形成一层保护膜，在灰白色的建筑主体映衬下，显得分外耀眼。

彼时，那个文静秀美的孙多慈，应该就是带着一种朦胧的爱恋心情在校园里流连忘返的吧。

一瞥惊鸿，无语羞相顾

孙多慈，又名孙韵君，其父孙传瑗原是五省联军孙传芳的秘书，后曾任大学教授、教务长，母亲汤氏也任过女校校长，也算是家学渊源，孙多慈在姐弟三人中排行老大，十七岁毕业于安庆女中。

“慈悲之恋”的男女主角孙多慈与徐悲鸿

徐悲鸿，曾留学法国学西画，自1928年开始先后任教于国立中央大学艺术系、北平大学艺术学院和北平艺专。擅长人物、走兽、花鸟，并强调作品的思想内涵，对当时中国画坛影响甚大。

在那个年代，文坛艺苑师生恋屡见不鲜。只是，性格决定命运，徐悲鸿的慈悲之心和孙多慈的不违父命注定了他们的爱情必然以悲剧收场。爱，当然需要勇气，鲁迅和许广平，沈从文和张兆和等等，都有了好的结局。可他们不一样，徐悲鸿的妻子蒋碧微不是裹小脚的女人，而是在政坛文艺界都十分活跃的社交明星，就算再没有手段，也有许多智囊团在背后出主意，并施加权力。

只是，蒋碧微如此苦撑婚姻只不过为了面子和虚荣心罢了，既然心已远走，何不放大家一条生路。当年月夜风高和他私奔，付出青春年华的那段缘分已尽，可是，以她的性格，绝对不甘心，你不让我好过，我也不让你好过，大家鱼死网破!

其实早在孙多慈出现之前，她的魄力就已经显露无疑。

1927 年徐悲鸿回国后不久，就加入了田汉的南国社。徐悲鸿在南国社负责教授绘画，并且和其他人一样是不拿薪水的。

这件事让蒋碧微很恼火，她认为在法国吃了八年的苦，现在回国以后就应该享享福了，怎么又去找一个不拿工资的工作呢？有一天就趁徐悲鸿不在的时候把他所有的东西全部搬到了南京。

徐悲鸿是苏南的宜兴人，性格很软，于是吵吵也就算了。看在孩子份上，太太说得也有道理，再说，也不想把精力浪费在家庭琐事上，创作需要投入全部的精力。让让就让让吧。

于是，为了顾及家庭，徐悲鸿于 1928 年受聘到国立中央大学艺术系任教。后来他成为中央大学美术系主任，中央大学即现在南师大美术学院的前身。

国立中央大学，学科设置之全和学校规模之大，为当时全国各高校之冠。随着徐悲鸿的声誉日隆，他们的生活质量有了明显的改善。

在当时南京市，一般家庭的月收入为 30 元到 50 元，基本上可以达到温饱，而徐悲鸿当时的月薪达到了 300 元，收入已经相当可观。

当初蒋碧微强硬地把徐悲鸿从上海拉到南京，是为了让他们的生活能够过得宽裕一些。到了南京之后，一切如她所愿，徐悲鸿有了一份体面而且收入很高的工作。可让蒋碧微不曾想到的是，她把丈夫拉进了这座古城，同时却也把自己的婚姻推到了悬崖边上。

1930年暑假，孙多慈报考了当时的南京中央大学文学院，却没有考取，于是开始作为旁听生到艺术系随时任中央大学美术教授的徐悲鸿学画。

在徐悲鸿的眼里，她是那样天真烂漫，白皙细嫩的皮肤，剪着童花的短发，穿着一身工装衣裤，秀美温文，笑时尤其甜蜜可爱。而让徐悲鸿印象更深的是她极高的作画天赋，于是便开始格外用心地培养她。后来，她又成为徐悲鸿画笔下的模特。原本是名师高徒的一对典范，谁知随着相处的深入，一场艰难而痛苦的“师生恋”就此拉开了序幕。

孙多慈的绘画悟性和潜力让徐悲鸿惊讶。1930年11月，徐悲鸿为孙多慈画了一幅素描。画稿上的孙多慈，短发齐耳，脸盘如月，两嘴紧抿着，清纯朴实。素描稿右下方，徐悲鸿留下了这样一段字，“慈学画三月，智慧绝伦，敏妙之才，吾所罕见。”评价之高，也是罕见。

这一段时间，蒋碧微正好不在南京。之后不久，徐悲鸿邀孙多慈冬游台城。在暖暖的阳光下，18岁的少女孙多慈如泣如诉地向老师叙述了她近来遭到的家庭变故。

父亲孙传瑗因曾任孙传芳旧属一事，被蒋介石密押于南京老虎桥监狱。突如其来的变故，也使得本有希望考入南京大学文学院的孙多慈，名落孙山。一个男人要保护弱女子的正义感几乎是爱情发酵的催化剂，何况他如此爱才。

徐悲鸿发现自己爱上孙多慈时，首先想到的，就是当年随他私奔东渡日本的夫人蒋碧微。那一阶段，蒋碧微不在南京，徐悲鸿给她发了一封急信，“你要是再不回来，我恐怕要爱上别人了！”这说明他还是有良心的，并不是无情之人。但是，当接到蒋碧微立即返回南京的电报，他又暗生悔意，“太太明日入都，从此天下多事。”这样的担忧正说明，他不是蒋碧微的对手，她肯定会仔细盘问，今后草木皆兵。既然知道，又何必发急信坦诚相告呢，夫妻之间一点秘密也不留，倒也可怕的紧。徐悲鸿的没有心机可见一斑，就算发急信，也可以换一种说法呀，身体不适，盼汝速归。真是一句话让人笑，一句话让人跳。

柔弱无助这些词用不到蒋碧微身上，她遇到事情，冷静果断，而作为艺术家的徐悲鸿性格冲动，意气用事，后来几次想帮助孙多慈深造，都因家里后院失火，最终烧掉了孙多慈奔往大好前程的光明大道。徐悲鸿和蒋碧微之间，性格与思想的差距，在很早的时候就已经显露出来了。

时隔多年，曾研究慈悲之恋的一个学者写下了这样的句子，“此时的徐悲鸿，对孙多慈，不知道究竟是惜才，还是爱人。”

孙多慈仿佛是徐悲鸿的桃花劫，也是他的金钟罩。情人眼里出西施啊！他把孙多慈介绍给好友盛成认识，其中不免有男人炫耀宝贝的虚荣心在里面，看看，这就是我心仪的美人。盛成是20世纪集作家、诗人、翻译家、语言学家、汉学家为一身的著名学者，在国内外享有极高声誉。可惜，盛成对孙多慈的印象很一般，不过却看出徐悲鸿与孙多慈之间彼此爱慕的微妙。好友点破其中玄机，男人真是懂男人，直到这个时候，徐悲鸿才知道自己已经不能自拔。也就是这段时间，孙多慈成为了徐悲鸿油画《台城月夜》的画中人。他曾画了一幅“台城夜月”图，把他和孙多慈都画入其中，两个人一个席地而坐，一个侍立一旁，洁白的纱巾随风飘动，天边正高悬着一轮皓月。可惜这幅画让蒋碧微怒火中烧，在画上狠狠划了一刀。“燕子矶头叹水逝，秦淮艳迹已消沉。荒寒剩有台城路，水月双清万古情。”在

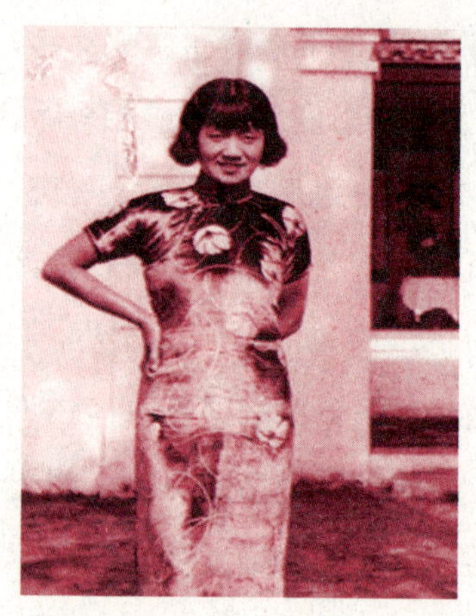

虽然貌不惊人，但蒋碧微的个性却有着那个的时代女人少有的一股倔强和英气

给上海中华书局编辑所所长舒新城的信中，徐悲鸿这样表达自己此时的悲凉心境。

爱上比自己小 17 岁的女学生，他自知罪莫大焉，他是画界泰斗，抛家弃子，自毁形象，他也犹豫踟躇过，但是他最大的罪过就是他的第一次婚姻不是包办婚姻，而是惊天动地的自由恋爱，逻辑上来说，爱上更年轻的女学生，这不是陈士美是什么？

当年私奔去日本留学的浪漫，还停留在许多留法学生的嘴边，也被家族所指责，现在，爱神让他盲目，如何摆脱始乱终弃的争议呢？奈何！奈何！

1917 年，蒋碧微和徐悲鸿私奔到日本后，不久就回国了。蒋家随后也原谅了他们，两年后的 1919 年，徐悲鸿从教育总长傅曾湘那里获得了法国留学的公派名额。于是携蒋碧微，双双去往法国勤工俭学。

从一个人爱上另一个人的那一刻起，对方就长在自己的身体里了，像血液依照脉搏的频率冲撞着每一个细胞，像细胞每时每刻接受着潮水般涌来的柔情。

说不爱就不爱，木头、石头、钢铁或许可以做到。

天涯若大，却走不出你的掌心。

似乎是忘不掉了，此生，除非碾碎了自己的记忆自己的心，吹走了，飘散在风里。

凝露轻寒杨柳岸，相对如饮醇醪

徐悲鸿画中的孙多慈，清丽中透出一丝妩媚

"我十几岁就跟了你了，背叛了家庭，私奔海外，生了两个孩子，我哪一点对不起你，除了不如她年轻，我哪一点比不过那个丫头？"

当一个女人对自己的丈夫这样碎碎念的时候，这个男人就好比孙悟空上了紧箍咒，内疚，除了内疚还是内疚，但是爱却依然不能产生。爱情这东西很奇怪，明明不能爱的偏就要爱，明明应该爱的却爱不起来。蒋碧微越是闹得凶，徐悲鸿越烦，感情的天平越向孙多慈倾斜。

徐悲鸿被紧箍咒上了好多年，为了避嫌也为了怕听这些唠叨，徐悲鸿总是很少在南京逗留。

在孙多慈完成大学学业时，徐悲鸿原打算带领全班同学赴苏联参观学习，然后趁机送孙一人赴法国深造，但这一计划最后被破坏无遗。

1931 年 7 月上旬，国立中央大学艺术专修科招考新生，徐悲鸿主考素描。工字大楼大门外，榜单公布的时候，孙多慈的名字高高排在第一位，95 分，无人能及。

当晚，徐悲鸿与蒋碧微去朋友郭有守家赴宴，两人发生了激烈争吵。

蒋碧微提出两个条件，一，不要录取孙多慈，你可以把她推荐到其它大学去；二，如果非要录取孙多慈，那就辞了中央大学的工作。徐悲鸿几乎没有犹豫，立即选择了后者。唉，徐悲鸿真是文人的思维，过于感性了，蒋碧微的两个条件，焦点都在第一条，至于第二条那不过是要挟之语，作为一家之主孩子的父亲，你总不能对家庭不管不顾吧，可徐悲鸿的选择却让蒋碧微始料不及。

这一晚，徐悲鸿以离家出走的方式，向蒋碧微表示了自己坚定的态度。但蒋碧微不肯罢休，又从南京追徐悲鸿到了上海，矛盾继续升级。

徐悲鸿一怒之下，给蒋碧微发了一封信："我观察你，近来唯以使我忧烦苦恼为乐，所以我不能再忍受。吾人之结合，全凭于爱，今爱已无存，相处亦已不可能。此后我按月寄你两百金，直到万金为止。"尽管如此，8月末，在庐山，在陈散原等人的劝说下，徐悲鸿还是回到了蒋碧微的身边。

1931 年夏天，孙多慈以图画满分的优异成绩被南京中央大学艺术系录取，正式开始了四年的大学生活。孙多慈除了随徐悲鸿学习素描，同时选修了宗白华的美学课，胡小石的古诗选，以及徐仲年的法语课。在以后的 4 年里，即便徐悲鸿这个惹花者不在，蒋碧微也没有放松对她的刁难，孙多慈对此只能百般忍耐。

1933 年 1 月，徐悲鸿携中国近代名家绘画赴欧举办巡回展览，孙多慈继续在中大学习。其间二人书信往来从未间断，直至 1934 年 8 月徐悲鸿回国。

由于孙多慈学习成绩出众，徐悲鸿对其更加器重和赏识，逢人便宣扬她的天才，甚至有时上课时只教她一个人。好事之徒再加以渲染附会，轰动一时的花边新闻便不胫而走，当时的南京《朝报》常常把他们当作绯闻主角，绘声绘色、添油加醋地描绘一番。

孙多慈原先住在中央大学女生宿舍，当时女生宿舍是禁止男士出入的，但是徐悲鸿却经常到宿舍去找孙多慈，此举也被好事者引为谈资。这些闲言碎语对于当时年仅十九岁的孙多慈来说，几乎是无法承受的。后来孙多慈只好搬出女生宿舍，在石婆婆巷租了一间房子，由她的母亲从安庆搬来与其同住。

1934 年 10 月 22 日，刚刚从国外回来的徐悲鸿，为弥补 20 个月来对学生授课的欠缺，亲自带队，率艺术专修科绘画组 3 年级 10 余名学生，从南京坐车至杭州，又转车到于潜县，在素有“江南奇山”之称的天目山，进行了一个星期的写生生活。

久别重逢，一切尽在不语中，徐悲鸿和孙多慈心有灵犀地走出了众人的视线。山中各种林木参次，孙多慈发现了一棵很大的红豆树，她踮起脚，伸手勾下树枝，采了两颗最漂亮的红豆，两拳紧握，走过来将拳头放在老师的面前，然后慢慢摊开手掌。

红豆生南国，春来发几枝。愿君多采撷，此物最相思。

徐悲鸿忍不住伸出两手，把孙多慈紧紧拥在自己怀里。被压抑了那么久，这个吻是怎样的辗转反侧，怎样的灼热炽烈，让天地万物化为虚无吧，让时间就此凝固吧，孙多慈闭上眼睛，老师宽厚的胸膛给予了她无限的温暖，为了这一刻，之前多少的痛楚都是值得的。

正巧，写生队的杨柳同学，在调焦取景之中，镜头中突然出现了他们亲热相吻的情景，他下意识地按下了快门。

接下来的几天，徐悲鸿与孙多慈卿卿我我，难舍难分，不是无所顾忌，而是爱意满溢，掩藏不住。同学们都看到了，嫉妒的嫉妒，不平的不平，天目山归来，有关他们的风言风语，有图有真相，很快在中央大学传开。

蒋碧微闻讯后大发雷霆，有一次，她还怒不可遏地冲进画室去找孙多慈与徐悲鸿“算账”，甚至把画室里徐悲鸿绘有孙多慈的画也撕破了，场面相当激烈混乱。

徐悲鸿回南京后，特地到一家大银楼，订制了一对情侣戒指，将两枚珍贵的红豆，分别镶嵌于其中。红豆之上，一镌“悲”字，一镌“慈”字。这枚特别的戒指，很长时间一直戴在徐悲鸿手上。慈悲之恋，是天意吗?

而蒋碧微心里太委屈！对情对爱一点儿都没亏欠过他，而他竟然将别人拥在怀里，自己天性要强，师母的面子往哪儿搁？出于捍卫爱情和婚姻的本能，蒋碧微到中央大学的女生宿舍找孙多慈，想给她一点教训。这样的情境很像电影画面，两个女人的战争从此拉开，师母的心里恨不得撕烂小妖精，但表面上还维持着不得不维持的礼仪，愤怒像火山就要喷发，她一压再压，化作冷冷的语调说道，“我想你也是个聪明人，如果你执意这样下去，将来大家都不好看。你也会学无所成，无法对家人交代。”话说得很重，说完，她绝尘而去，假如她也疯狂地爱过，她应该明白，所谓理智，对于深陷爱河的两个人来说，好似耳旁吹过的风，无所谓谁对谁错，只有爱与不爱。

由于蒋碧微的吵闹与同学们的纷纷议论，孙多慈在中央大学再也呆不下去了。未及毕业，便不得不匆匆离校，回到安庆女中任教。

蒋碧微晚年在回忆中说：“有时晚上参加应酬，他经常也是吃到一半，就藉词要上夜课而退席，把困窘而尴尬的我留下。最令我难堪的是，他会在酒席上趁人不备，抓些糖果橘子在口袋里，后来我知道，这些也是带给孙韵君的。碰到他这样做的时候，我只好装作视而不见。有时我也促狭起来，他把带给孙韵君的东西预备好以后，放在桌上。等他有事走出房间，我就悄悄地藏过，他回来一看东西不见，不好意思问我，也就讪讪地走了。”

当蒋碧微以师娘身份对她施加压力，她对徐悲鸿说，我们以十年为约定，各自奋斗，不联系，十年之后再结合好吗？徐悲鸿说好的。他愿意等。

寻不得，留不得，舍不得。我藏不住爱你的喜悦，也藏不住分离时的忧伤。我就是这样坦然，你舍得伤，就伤。

为你舍弃天下又何妨？

1935 年春节之后，徐悲鸿两条线行动，一方面调动所有关系，努力疏通中比庚款管理委员会高层，希望能为孙多慈争取庚款留学名额。另一方面，准备出版《孙多慈素描集》，以赶在比利时庚款基金会决定留学名额之前，送到中比双方委员的手中。

蒋碧微当然要和他唱对台戏，徐悲鸿四处奔波，她也四处寻求道义支持。孙多慈当然什么也不知道。1935 年 6 月下旬，比利时庚款基金会召开董事会议，很自然，在各方推荐的出国留学名单中，“孙多慈”最终被勾掉了。

1936 年 3 月 7 日，《中央日报》刊载出一条消息，标题是《徐悲鸿卖画》。

“所得之资，用以救济贫苦有志的青年艺术家。”徐悲鸿想要救济的对象，就是女弟子孙多慈。之后不久，徐悲鸿又亲自赶到上海，与舒新城签订了协议书，“请将弟存款内拨二千五百元，陆续购买孙多慈女士画，”

5月10日，徐悲鸿首赴安庆看望孙多慈。快到目的地的时候，徐悲鸿激动地走出船舱，江岸之上，振风塔凌空而立，这是安庆一大风景，有“过了安庆不说塔”之美誉。往西的汪家塘是孙多慈的家。那一刻，徐悲鸿真想和她做一对神仙眷侣。看着他匆匆的身影和被夜风吹得乱糟糟的头发，来接船的孙多慈既心疼又甜蜜。

1937年初夏，徐悲鸿又两次来到安庆，而此行的目的，则是协助孙多慈在安庆举办个人西洋画展。在此期间，徐悲鸿一时兴起，画了两幅小品，分送孙多慈和她的闺中密友李家应。画给孙多慈的是寿桃，题了‘慈弟清玩’；画给李家应的是水鸭，上款‘应弟存玩’，都是民国二十六年1937春日之作。半个世纪后，这两张小品流到了台湾作家董桥的手中。

怨僧会，爱别离，人生的两大痛苦，徐悲鸿竟全部且同时尝到。而孙多慈，则静静地等待命运的安排，事实证明，她赢得的男人的爱竟然是那样地多。

| 爱情絮语 |

民国那些年，师生恋很流行。少女情窦初开，老师风华正茂且成熟稳重。本剧中的小三和正宫娘娘斗法，这边厢水漫金山，那边厢天罗地网，斗得难解难分。

◎ 慈悲刻红豆　荆棘铺情路（南京）◎

【徐悲鸿故居“危巢”】

南京市傅厚岗 4 号，20 世纪 30 年代徐悲鸿曾居住于此，他当时任中央大学美术系主任

幽夜沉情，风慕轩台花影错

已知相思苦，不愿去相思。几番细思量，宁愿相思苦。

位于南京市傅厚岗4号的一座两层砖混结构的小楼，是绘画大师徐悲鸿的故居。

1932年底，小楼建成时正值九一八事变发生后不久，国家危亡之际，为了纪念沦丧的国土和流离失所的人民，徐悲鸿给自己的新家，取名为危巢。并解释道："古人有居安思危之训，抑于灾难丧乱之际，敢忘其危?是取名之义也。"在这里，徐悲鸿创作了《田横五百士》、《傒我后》等大量代表作。这个名字，仿佛为男主人和女主人的关系，预见了不祥之兆。

这座小楼不仅见证了徐悲鸿和他的学生孙多慈的凄婉爱情，也见证了蒋碧微与国民党中宣部长张道藩的婚外恋。在长达10多年夫妻之间的矛盾中，分别夹杂着二人各自的恋情，最终，徐蒋二人终于在1945年离婚。

蒋碧微在自传里这样描述她的这个家：

"几扇大门，竹篱围墙，新居一进门就是一座很大的前院，铺着如茵的草皮。房屋是西式的两层楼，有三十尺深，右边是徐先生的画室，深三丈，阔二丈五，室高一丈六，这间画室，完全照着他绘画时的需要而设计。

左边是二楼二底层房屋，迎门一座楼梯，楼上两间卧室和浴室，楼下前客厅后餐厅，佣人的下房有两处，一是门右边的门房，一是后院兴工时期所建造的临时工寮。

两株大白杨树，正好就在画室的右面，遮掩着西晒的太阳。后来据吴老先生调查，说这样的大树，全南京一共只有三棵，我们家便占有其二，另外一株是在城南。由于树身高大，目标显著，从京沪路乘火车绕过玄武湖，将抵下关车站的时候，坐在火车上远远便可以看到它们。

由大门通往正屋的水泥路两边，栽植了几株垂柳，再在沿马路和左右两边的围墙里面，相间地种着洋槐和梧桐。这些树木和花草，把我们的庭院点缀得苍翠郁郁、姹紫嫣红。”

这座公馆楼上楼下大约200多平米，院子大约有2亩的样子。作为当时的首都，南京虽然已经初步显现出一派繁华的景象，但私人公馆还是比较少的，于是这里就成了达官显贵文人骚客经常聚会的场所，而热心操办这些活动的，就是蒋碧微。

她常常在那个大花园里举办茶会，撑起几把巨伞，伞的下面放一些凳子椅子小的桌子，桌子上面有各种各样的点心、茶、汽水等等。三十年代的社交圈中，上海茶会中聚集的大多是士绅、商贾、文人、名士。南京茶会中聚集的则多是官员、政要。当时像汪精卫、陈果夫、陈立夫等都是蒋碧微府上的常客。1936年2月，为指导全国各地妇女开展新生活，新生活运动促进总会内增设了妇女指导委员会，由宋美龄亲自担任会长。南京交际圈因此掀起了女性参与社交的热潮。

这一天，徐公馆内又举办了一场热闹的聚会。像往常一样，徐悲鸿简单地与客人寒暄后，就回到画室继续自己的创作。时任国民党中央宣传部次长的张道藩是徐家聚会上的常客，这一次来的目的是想让徐悲鸿为蒋介石画一幅画像，因为5个月后就是蒋介石50岁的生日了。

为了庆祝蒋介石的50岁生日，国民政府在全国很多地方修建了中正堂、介寿堂。还从民间募捐购买了68架新型战斗机，打算在蒋介石生日那天飞经南京上空向最高领袖致敬。然而，徐悲鸿却不愿意为蒋介石画这张像，不管张道藩出多少钱。张道藩只好请蒋碧微出面，说服徐悲鸿。

别绪烟雨娑娑春绪乱

就在徐悲鸿和孙多慈爱得死去活来的时候，徐的发妻蒋碧微也陷入了一段刻骨铭心的感情，这个男人就是张道藩。

早在法国留学的时候，张道藩就对徐夫人一见钟情，他对她关怀备至，这段感情维持了两人的一生。晚年时，蒋碧微终于和已经与法国妻子离婚的张道藩公开同居了，然而最终，她还是把他还给了他的妻子。

当时徐悲鸿夫妇到德国游历，在英国伦敦学习美术的张道藩慕名前来相见。一见面，他就被个子高高、皮肤白皙的蒋碧微吸引住了。几个相见恨晚的兄弟成立了天狗会，刘海粟是大哥，徐悲鸿是二哥，不久，张道藩向二嫂递上了一封含蓄的情书，读过之后，蒋碧微悄悄地把信毁掉了。她觉得既然嫁给了徐悲鸿，就应该做一个好妻子，不能再移情别恋。

由于国内政局混乱，在法国的留学生的经费经常不能按时到位，所以当时徐悲鸿夫妇的生活一直很拮据。从小家境富裕的蒋碧微，因此经常为开支窘迫而苦恼。蒋碧微喜欢买衣服，看中的料子，她马上就要买。买了以后马上就做，一天换一身衣服。徐悲鸿为了筹钱，甚至到新加坡为人画像。

而徐悲鸿不在身边的时候，张道藩经常给她买漂亮衣服，带她到高级沙龙里面去作客。

蒋碧微住在阁楼上面，阁楼便宜。楼底下一楼有一个洗衣店，那个洗衣店老板的一个女儿叫苏珊，一头金黄色的头发，一双蓝眼睛，是一个典型的漂亮法国女郎。蒋碧微把那个苏珊就介绍给了张道藩做太太。

随着北伐战争的胜利，军阀割据的时代结束了。徐悲鸿，张道藩，他们都回国了。1931 年九一八事变后，徐悲鸿创作了《徯我后》，取自《诗经》的“徯我后，后来其苏”之句，意指百姓期待英明君主的解救，这幅画在社会上引起了很大的反响。张道藩让蒋碧微劝一劝徐悲鸿，别自找麻烦，不用说，夫妇俩难免又为此大吵了一番。

1935 年，为了营救田汉的事徐家又掀起了轩然大波。徐悲鸿在中央大学任教期间，经常回上海为南国社的学生无偿授课，并与田汉结下了深厚的友谊。1935 年 2 月 19 日夜，田汉在家中被捕。为了营救田汉，徐悲鸿不避嫌疑，四处奔走，他找到了张道藩。在徐悲鸿和宗白华的担保下，张道藩放了田汉。蒋碧微担心一家人被牵连进去，一直极力反对徐悲鸿的做法，可是徐悲鸿一意孤行，还让无家可归的田汉一家，暂时寄住在徐公馆两三个月。这段时间，二人几乎每天必吵。

一次又一次的分歧，让这对昔日相爱的伴侣之间渐渐产生了难以抹平的裂痕。由于拒绝为蒋介石画像，张道藩被国民党上层授意，要给徐悲鸿一点颜色以示警告，蒋碧微因此又与徐悲鸿大吵了一架。

当时，徐悲鸿已经有高血压了，头本来就昏得很厉害，再加上整夜没法睡觉，头更昏了，但是为了去上课，没有办法，只好把头放在水龙头下面用冷水冲，清醒一点后再勉强去到中大上课。

1936 年 6 月，徐悲鸿接受了李宗仁的聘请出任广西省政府顾问，离开了南京。当时，两广通电全国，呼吁南京政府顺从民意，领导抗日。徐悲鸿在《广西日报》上公开撰文斥责蒋介石无礼无义无廉无耻，这引起了蒋介石的愤怒，也引起了蒋碧微的不安。8 月，蒋碧微来到桂林，劝徐悲鸿回家。但被他拒绝了。蒋碧微怅然而归，徐悲鸿也再没回到过傅厚岗的家。

1938 年 4 月，徐悲鸿应田汉之邀，从重庆东下武汉，参加军委政治部第三厅第六处工作。他在长沙找到了流亡在那里的孙多慈，并将孙的全家接到桂林，他们常常一起去漓江写生，两人均创作了不少作品。

7 月 31 日，徐悲鸿在广西桂林的报纸上，以醒目标题，刊出与蒋碧微脱离同居关系的声明："鄙人与蒋碧微女士久已脱离同居关系，彼在社会上一切事业概由其个人负责，特此声明。"他做到了几乎不能做到的，他要以自由之身迎娶孙多慈，只是他遇到了强劲的敌人，无比疼爱自己女儿的父亲孙传瑗。

他和蒋碧微拖着，一直没有快刀斩乱麻，直到他得知单身的许绍棣准备和孙多慈交往，才终于痛下决心和妻子分手。因为这个女人，对于他来说，比任何的一切都重要。

所以，很多男人不肯离婚，原因很简单，什么都是借口，对于婚外的女人爱得不够才是真正的原因。

徐悲鸿的好友，安徽舒城沈宜甲在中间想穿红线，不料孙多慈的父亲孙传瑗一口拒绝。面对这种局面，孙多慈也无法应对。"先生，你能再给我一段时间吗？我肯定会尽最大能力，给你一个满意的答复。我用我的心保证。”

徐悲鸿十分沮丧。他恨孙传瑗，如果不是他的阻挠，他和多慈早已经成为幸福的一对。然而，孙传瑗顽固地爱着女儿，自己的爱女怎么能做拆散别人家庭的第三者，而且要去做人家的填房，难道天下男人就剩下一个徐悲鸿？

孙传瑗曾经亲自到女儿老师的危巢参观过，女主人的殷勤和礼貌给他留下了深刻的印象，宅院敞亮，儿女绕膝，他们本是多么好的一个家。他的妻子也曾年轻过，现在他不要她了，他又怎么能保证在看到比自己的女儿更年轻的女人时，不把她抛弃呢？

尽管如此，徐悲鸿还是心存希望。最后分手前，孙多慈和老师携手漫步在黄昏的桂林街头，并不知道这已经是他们缱绻相爱的最后一晚。

情场如战场，真是至理名言。胜者为王，败者为寇。如果徐悲鸿和孙多慈真的结婚了，那么之前他们所有的感情纠缠都成为了佳话，可是，他们没能走到一起，那么真正的徐夫人就可以动用一切的社会舆论，来谴责他们之间的感情。要是孙多慈有他师娘当年的魄力离开自己的父亲或者有足够的口才来说服父亲，事情也许就是另一个样子了。

不久，孙老先生带着全家离开了桂林，转往浙江丽水。一向软弱又内向的孙多慈在此关键时刻屈服于父亲，在丽水的一所中学任教。

徐悲鸿多少次梦回江南，在曲曲折折的荷塘边，那个绿襟翠袖的女子提一篮红菱温婉地走来，青丝绾束，韵雅有致，空气中随手抓一把都是甜蜜，这就是他最心爱的女子形象吧，在他的画里心里脑海里。

冷日阑珊残照伫，萧萧林野云愁覆

后来，徐悲鸿应邀去印度讲学，一去四五年不归，想来，他也是伤心透顶，为她抛弃了原配，可是她却不辞而别。

1939年8月，孙多慈在给徐悲鸿的一封信中表达了后悔之心以及对徐悲鸿的思念之情。他们又开始鸿雁传书，互诉离别之苦，却不能直达，要靠徐的好朋友舒新城来为他们传递。徐曾绘《燕燕于飞图》赠孙。孙则寄一粒红豆给徐，不着一字。徐则以“红豆三首”为答，其诗中曰：“灿烂朝霞血染红，关山间隔此心同；千言万语从何说，付与灵犀一点通。”“耿耿星河月在天，光芒北斗自高悬；几回凝望相思地，风送凄凉到客边。”“急雨狂风避不禁，放舟弃棹匿亭阴；剥莲认识中心苦，独自沉沉味苦心。”

说过再见了，说不再见了，说就此离开，可是当他一如既往，乾坤又倒转了。那份快乐可以使整个人变得清新、甜美，充满活力，甚至获得重生。那是身不由己的随波逐流，理智的自己和情感的自己打得难解难分，输赢难料。

相逢总是太晚，当你知道什么才是自己最该爱的时候，也许已经两鬓斑白了，那个佳人，在水一方，自己却没有勇气溯流而上，去追寻她的方向。

徐悲鸿和孙多慈的爱情，基本上就是一部琼瑶小说。一代宗师徐悲鸿在遇到自己的真爱时，竟然是如此痴情、细腻、狂热和痛苦。

在分隔两地的爱情中，远隔千山万水的通信会造成很多误会，比如对方由于某些原因没有写信，或者没有消息，自己不好意思追问，只好傻傻地等，然而爱得越深，就越不能等待，一日不见，已如隔三秋，如果要等两个半月之久，那岂不是要完全崩溃。相爱的人就是这样计算时间的，那么两个半月是多久？是几辈子呢？怎能不因爱生怨？你如果爱我，舍得我如此漫长的等待吗？你不知道我的思念吗？可见你对我没有真心。那么，我也是有自尊的，你就不要爱好了。

自己明明讲的是气话，却偏偏期待对方像个无赖一样，说，那我不管，我就缠了你，我没有你怎么活呢，我偏要爱你。可是，有的人性格上不能做无赖，还会想，那么多年的感情，你怎么可以讲这样的话呢，你是不是心里早就这么想，所以才这样说话啊。不过，彼此说过绝情的话以后，还是会忍不住思念。

徐悲鸿讨厌勉强别人，他一直在等待她飞向他的怀抱，可让一个大男人灰心的是，他自己为她离了婚，她却不敢反抗自己的父母，而且他在孙父那里受够了气，要是低下头陪笑脸，他可做不来。可是，孙多慈会这么想，为了我，低下你高贵的头，哄好老爷子为什么就不行呢？孙多慈曾写信许诺，无论他在天涯海角，生死相从。可是，徐悲鸿等待了80天后，又没有消息了。他亲口说真的绝望了。

一边是自己一生的挚爱和初恋，一边是坚决不同意的父母和细水长流温柔体贴的浙江教育厅厅长，一个孝顺的女子受尽了折磨。父亲整天在耳边唠叨，要是真喜欢你，为什么两年多都不来浙江看你呢？于是，孙多慈自然会受这样的影响，期待徐悲鸿把她抢走。

徐悲鸿本是犹疑之人，孙多慈更是优柔寡断，难以和老父决裂，可是又放不下旧情，所以就反反复复，好比拉锯战，没有攻下城池长驱直入的霸气。

1941年春，在当时浙江省教育厅厅长许绍棣苦苦追求了4年之后，29岁的孙多慈，终于跟他走进了婚礼的殿堂。许40来岁，正丧偶待续，有三个女儿。从此，徐悲鸿和孙多慈这对爱侣劳燕分飞各西东。

1942年，在浙江丽水，孙多慈因为思念徐悲鸿，生了一场大病，久久卧床不起。李家应知道孙多慈心病所在，便背着孙多慈，悄悄给徐悲鸿发了一封信，请他来丽水与孙多慈一见。这封信经香港陈子展转至徐悲鸿手上时，他正在喜马拉雅山的大吉岭。面对孙多慈的呼唤，他也无可奈何。

1945年底，在大律师沈钧儒的见证下，徐悲鸿和蒋碧微终结了28年的婚姻，他赔偿给蒋碧微一百万元和一百幅画。

1946年元月14日，徐悲鸿与廖静文在重庆举行婚礼。

发妻廖静文没能跟他白头偕老，至爱孙多慈与他有缘无分，在人生的最后一段路上，始终陪在他身边的是廖静文

1946年夏，孙多慈去南京探亲，表妹陆汉民家正住在傅厚岗。天色将晚，孙多慈在这薄暮的春雨中，一步一步走近傅厚岗4号危巢。她好像看见徐悲鸿带着一脸惊喜奔过来，紧紧抓住她的双手。一阵风来，幻像就消失了。

爱情的命运和时机并非都是由自己把握的。也许，只能和最爱的人相望于江湖，和不能爱的人相濡以沫。相望于江湖，也是思念若渴，于是告诉自己，那个字是不是看错了，是相忘于江湖吧。试着去忘记吧，可是越是想忘的人，偏忘不掉。不能相忘，只好还是相望。每逢佳节倍思亲。月圆月缺，那人都在丝的那端。挥之不去，思念划过心的每片鳞角，有隐隐的痛，却已经不激烈了，因为心上已经结了密密的疤，厚厚的茧，鲜血不再喷涌而出。

1949 年，孙多慈举家去了台湾。蒋碧微也定居台湾。1953 年徐悲鸿病逝于北京，身边珍藏着与蒋碧微在法国生活时买的一块怀表，1978 年蒋碧微于台北去世，卧室里挂着徐悲鸿为她画的肖像——《琴课》。而在徐悲鸿逝世后，孙多慈秘密为他带孝三年。这是怎样的一份感情。

我终不再返，如清风过树林，一丝痕迹也没留下。“水驿春回，望寄我，江南梅萼。拼今生，对花对酒，为伊泪落。”周邦彦也曾这样情动过。听那竹林中传来的风声，不禁黯然心碎。

春来共蹁跹，夏至同荫眠。那是一双蝴蝶吗？还是下个轮回里的我们。而今，一盏薄酒只独饮，饮尽那份孤独。

那不曾实现的情深爱重，终化烟云。

| 爱情絮语 |

性格决定命运，性格也决定爱情命运。有的爱情注定了要伤害人的，要么伤害别人，要么伤害自己，总要挑选一个，如果什么都不挑选，那便是伤害了所有人。

◎伍◎

绝世冬皇

孟小冬——幕升与幕沉的情戏

◎ 甘为名士妾　却换情如烟（上海）◎

【孟小冬前夫梅兰芳的上海故居】

思南路 87 号，原马斯南路 121 号。一幢坐北朝南的西班牙式花园洋房，共四层。楼房前栽有不少花卉树木，中间绿草茵茵，环境清幽

夜独倚阑，笛声拂柳琴入愁

孟小冬是迄今为止，中国京剧史上堪称当之无愧的首席女老生，可与京剧史上四大须生相媲美的艺术家，被誉为“冬皇”，已在海峡两岸戏曲界得到共识，身后有《凝晖遗音》录音带传世。

舞台上，她是运筹于帷幄之中决胜于千里之外的大丈夫，生活中，她则是有沉鱼落雁之貌，闭月羞花之容的民国美女。少女的纯真、妇人的风韵，直到晚年带点木然的安详，一生光影的几个瞬间已经让我们惊艳。时光流逝，总有些记忆还是无法抹去的。

她与梅兰芳的一段情至今让许多人唏嘘不已。

上海思南路 87 号是当年梅兰芳先生的寓所。

梅兰芳是我国最为著名的京剧表演艺术家。名澜，字畹华，别署缀玉轩主人，艺名兰芳，曾寓居于此，斋名梅华书屋。

梅兰芳当年居住的小楼如今已经成为 3.8 万元住一晚的顶级精品酒店思南公馆，15 幢独立花园洋房均为思南公馆整幢出租的客房。梅兰芳故居在弄堂最里头。这是一幢四层高的独立式花园洋房，坐北朝南，西班牙建筑风格。楼房前花木茂盛，间有绿莹莹的草地，环境优雅宜人。门口挂着的铜牌已经摘除，上面曾写“著名京剧表演艺术家梅兰芳抗战时期曾在此居住”的字句。

梅兰芳第一次演压大轴的新排戏《穆柯寨》就在上海，当年轰动上海滩。1914 年，他再赴上海，45 天以 22 万多张票被选为“伶界大王”。1932 年冬，“九·一八”事变爆发后，梅兰芳携全家告别了北平故居“缀玉轩”，前往上海马斯南路 121 号，今思南路 87 号定居下来。

从北京到上海，梅兰芳只能算一个外来人；而孟小冬则刚好相反，她出生在上海，学唱戏却偏偏漂到了北京。

在思南路居住期间，梅兰芳排演了《抗金兵》、《生死恨》等戏。抗日战争爆发后，梅兰芳息影舞台，深居简出，还蓄起了胡须，不得不靠卖画

梅兰芳的妻子福芝芳和他们的孩子

典当为生，过着清苦隐居的生活。他也曾多次拒绝别人的高薪聘请，曾有一位戏馆老板对梅兰芳说，只要你出来演出，百根金条马上送到府上。梅兰芳依然婉言谢绝了。

孟小冬出生于上海的梨园世家，她出生的地方同庆街，是上海艺人居住最集中的地方。祖父孟七出身徽班，擅演文武老生兼武净，她的父亲、伯、叔都是京剧演员，孟小冬原名孟若兰，幼名令辉。因为她出生于寒冬腊月，取名小冬，成名后由于饰演老生名震剧坛，被誉为“冬皇”，意为“小冬是须生之皇”。

她九岁开蒙，向姑父仇月祥学唱老生，十二岁在无锡首次登台，十四岁就在上海乾坤大剧场和共舞台先后与张少泉、粉菊花、露兰春、姚玉兰等人同台演出。年纪虽小，却已一副大角风范，取得了不俗的成绩。她从少年时起便跟随父母四处跑码头，从上海到平津、汉口，乃至南洋，无不跑遍。

当时，有这样一句话在京剧艺人间广为流传：“情愿在北数十吊一天，不愿沪上数千元一月。盖上海人三百口同声说好，固不及北边识者之一字也。”当时北京是京剧演员心目中憧憬的“圣地”，为了谋求开拓一片新天地，1925年，孟小冬离开上海，毅然北上深造。

少女时期的孟小冬，不仅拥有沉鱼落雁之容，更有一副震惊世人的好嗓子

她有沉鱼落雁之容，老生扮相气宇轩昂，而且嗓音宽亮，唱功精湛，为剧坛带来一股清新的气息。北平作为京剧的发祥地，观众欣赏口味高，对外地来京演出的演员多有挑剔，可是孟小冬刚一登台，就博得了掌声，一炮而红。据说，当年撰写剧评的“燕京散人”曾对孟腔有过细致的描摹：“孟小冬生得一副好嗓子，最难得的是没有雌音，这在千千万万人里是难得一见的，在女须生地界，不敢说后无来者，至少可说是前无古人。”

在北京唱红以后，她把家人都带到了北京，住在东四三条25号。她喜欢北京，她也对她的弟子说，她是河北宛平县人，也就是现在的北京丰台区。

这一年的8月，京剧名伶举行义务献演，孟小冬有机会与梅兰芳同台演出。孟小冬演出《上天台》，梅兰芳出演压轴戏《霸王别姬》。在一次堂会戏上，孟小冬与梅兰芳合演《四郎探母》，大为成功。北京是梅兰芳和孟小冬的交集地，台上反串，台下绝配。台上，她是风流倜傥的正德皇帝，他是千娇百媚的李凤姐，台下她是美少女，他是翩翩佳公子。也许，正是这绝妙的组合让两人情愫暗生。

不仅如此，他们还是伶界大王和须生泰斗旗鼓相当的事业比拼，都是如日中天地红，一段时间，两人形成了打对台的局势，双方营业额不相上下。英雄惜英雄，梅兰芳尤其为孟小冬的美貌倾倒。金风玉露一相逢，便胜却人间无数。连观众也盼着他们可以成就一段梨园佳话。

可是孟小冬却有些迟疑。因为梅兰芳已经有两房妻子，像她这样的妙龄女子，又是享誉剧坛的名角，怎能甘心当小妾呢！不料，说媒者早有准备，说梅兰芳过继给他伯父家，他是两房的继承人，按古律可以为两房各娶一位妻子，以便传宗接代。这叫“双祧”。孟小冬本来很仰慕梅兰芳的才华，既然不是做小妾，她没有计较二人相差 14 岁的年龄，就应允下来。

梅兰芳和孟小冬结为秦晋之好，将良辰吉日定在 1927 年农历正月，洞房花烛就设在东城东四牌楼九条冯公馆内。

福芝芳为梅兰芳操持家务，照顾孩子，十分辛苦，谁承想丈夫又看上了别的美女，这份伤心郁结在心，但也没有办法，只能默默地接受。但是，她发誓，管她是什么名角儿，要想进门，那是门儿也没有。她管不着外面，还管不着自己家里的这方地儿吗，这个家本来就是她的地盘。

在缀玉轩里，梅兰芳常带一些朋友过来，一起谈论戏文，说古道今，过了几个月快乐又幸福的生活。然而，谁知这时却发生了一件名震京城的血案。当时的孟小冬有很多戏迷，其中有一个富家子弟喜欢孟小冬很久，在得知心上人被梅兰芳抢去后，便持枪到“缀玉轩”寻衅，要找梅兰芳算帐。本来拿枪是吓唬人的，但在惊慌之中却将在梅兰芳家做客的记者张汉举打死，自己也被随之赶来的军警击毙。这场血案，让梅兰芳很受惊吓。张汉举家的大大小小哭成一团，谁见了不闹心，梅兰芳更是无比郁闷。报纸也对“缀玉轩”血案大加炒作，种种流言蜚语，铺天盖地而来，严重影响了梅兰芳事业的发展。此后，梅兰芳便在有意无意之间渐渐地开始冷淡孟小冬。

不久，梅兰芳将赴美演出，然而到底该带谁以“梅夫人”的身份去访问美国，成了梅兰芳久久不能决定的事情。梅兰芳有意带孟小冬同行，当时的福芳芝已身怀六甲，为了阻止梅兰芳竟以堕胎相要挟。为息事宁人，梅兰芳最后决定只身赴美。

一骑纤尘栖又散

1930年8月，梅兰芳访问美国载誉而归，此时，与孟小冬合得来的原配夫人王氏已故，时逢梅兰芳嗣母梅雨田夫人逝世，按风俗，梅兰芳的妻子们都应该披麻戴孝，在灵堂接待吊唁宾客。

梅兰芳和孟小冬，相爱的最初总是充满甜蜜和温情

这天，孟小冬特别剪了短发，头带白花，身着素装，前往无量大人胡同东口路北梅府奔丧吊唁。天真幼稚的孟小冬本以为通过梅府丧仪，从此可以名正言顺地踏进梅宅。但她万万没想到福芝芳派人把她挡在门外，坚拒其入府吊唁。梅兰芳闻声出来，“畹华，……”孟小冬低声叫道，几乎是以哀求的目光注视着梅兰芳。梅兰芳无奈地说：“你

先回去吧。”她咬紧牙关，强忍泪水，转身向南小街方向快步走去。

梅兰芳不舍，追至孟家。作为色艺双绝，少年成名的名伶，孟小冬的高傲非同一般。当年平津的学生，铅笔盒中都是孟小冬的便装照，“当时我们喜欢孟小冬，我们听不懂京剧的唱腔，实在是因为，她漂亮极了。”

这件事深深地刺伤了孟小冬的自尊心，她想不开，难道我孟小冬真的只有要强的心，没有要强的命吗？她把他关在门外，不论怎么敲门，怎么哀求，照死不开。梅兰芳撑着伞在雨中等了一夜，终怅然离去。

或许唱青衣的福芝芳比唱老生的孟小冬更懂得男人的心理，更知道如何驯服男人。孟小冬却一生傲骨，她要的是爱情，但不会乞讨爱情。就此放手吧，让所有的爱恨都就此放下。1931 年，孟小冬正式向梅兰芳提出分手。“我走了，我出去唱戏，不会比你差，我依然是头牌；我要么不嫁，要嫁就嫁一个一跺脚就满城乱颤的人。”这几句话掷地有声，尽管是一时意气。

如今，我们不由想，如果当时孟小冬开了门又如何呢，缱绻温柔一番，梅兰芳最终还是无法将孟小冬正大光明迎回家中，当然了，即使回家，两房争斗，大家都没有好日子过，谁叫福芝芳拿肚子里的孩子以及大大小小的几个萝卜头孩子作为要挟呢。这一杀手锏，胡适的老婆江东秀也用过，风流才子胡适的艳遇当然很多，遇上的女人哪一个都比没有文化又要啥没啥的糟糠之妻强，婚外的感情发展到一定程度，离婚势在必行，不过，俗话说，狠的怕不要命的，江东秀冲到厨房拿起菜刀，扬言要杀掉两个儿子，再与老公同归于尽的时候，书生到底是怕了，怕的当然是书生，要是行武之人就不怕，不就是一个死吗，谁怕谁？梅兰芳也怕了，再说这一大家子都是福芝芳在操持着，总得让她三分。

身心疲惫又十分要强的孟小冬几乎是一夜白头，而后又数日的绝食面壁，她的身体素质也从此开始走下坡路，留下严重胃疾。这场乾坤颠倒的噩梦，使孟小冬过早地跨过了她的青春年华，甚至几乎断送了她的艺术生命。

孟小冬心灰意冷，对于舞台生活，深感厌恶。万念俱灰的她选择了佛门静修，决意摆脱红尘。她来到北平拈花寺，拜住持量源大和尚为师，并举行了皈依三宝典礼。此后，孟小冬一心向佛，以求身心清净。梅兰芳也因此事演绎出种种绯闻，被报界炒得沸沸扬扬，备受困扰，不得已于 1932 年举家南迁上海，这一走就是近 20 年，到新中国成立后才回迁已是新中国首都的北京。

在两个女人水火不容的时候，要平衡妻妾的关系似乎很难。在母亲的丧礼上，福芳芝扬言要和孟小冬以死相拼，不过是恫吓罢了，可是梅兰芳却胆寒了。这成了梅孟之恋结束的导火索。

舞台上相配，并不代表现实中相配。短短四年，梅孟就成怨侣，婚姻不幸的打击使得要强的孟小冬潜心向佛。到几十年后一切都过去，她终于可以与旧友一起对梅的去世唏嘘不已，对于当年的离异，以玩笑的口吻，说：“当时我发现不妙，便滑脚溜了。”

| 爱情絮语 |

第一次的婚姻失败几乎将孟小冬打击得一蹶不振，从此生活再无光彩，要强是必需的，用在事业上完全应该，但若用在情场上则大可不必。年轻的时候，谁真正懂得爱情和婚姻呢？让时光的橡皮擦去错误，重新写下正确的答案吧！

◎ 一身傲骨香　爱梅有此痴（上海）◎

【杜月笙首席公馆：杜月笙三鑫公司办公处】

杜月笙首席公馆

踏遍千山悦君颜

新乐路这条小而安静的马路位于旧上海法租界中心，原名亨利路，从西头走到东头大概十几分钟。两旁老洋房毗邻，茂盛的法国梧桐仿佛给整条马路搭起一个绿色的凉篷。

虽然是一条小马路，却处处缀满了上海的味道。新乐路 82 号，是一栋漂亮的楼房，铁门里的绿树掩映下，古老却不陈旧的房子气质神秘，岁月似乎未曾蒙尘。

这里曾是旧上海青帮教父杜月笙的公馆，是黄金荣、杜月笙和金廷荪等人合股的三鑫公司办公处。公馆于 1932 年始建，由法国一位知名设计师设计，现在则是一座五星级的精品酒店。厅堂里的 300 多件历史藏品向宾客们述说着过往的辉煌。酒店以古典怀旧为装饰风格，除了豪华客房外，还有屋顶花园酒会厅等。

三鑫公司办公处内景及陈列

梅兰芳、杜月笙，都是在民国历史上留下浓墨重彩的人物。孟小冬的两段奇缘，如果说与梅兰芳是金童玉女，与杜月笙则是英雄美人。

杜月笙，号称民国的“中国第一帮主”，当年那股霸气，在那扇高高的大铁门内，悄然散发。

杜月笙是上海川沙县人。幼年父母双亡，由其继母和舅父养育。14 岁

杜月笙

时到上海十六铺鸿元盛水果行当学徒。他嗜赌成性，常与一些流氓、歹徒厮混。后拜青帮陈世昌为老头子。经陈世昌举荐，拜在黄金荣门下，成为其亲信，成为上海青帮的显要人物。

杜月笙是个京剧票友，他的四房夫人中有两房都是京剧名伶。早在孟小冬刚出道时，杜月笙就经常看她的戏，早就为她的美貌所心动。孟小冬十岁，便在“小世界游乐场”等处唱“毛儿戏”，毛儿戏，是小孩唱的京剧，孟是一颗熠熠发光的童星，那时，杜月笙还是给法租界探长黄金荣拿皮包的跟班。

孟家有女初长成，十八岁的时候，她是红遍上海的名角，而杜月笙已经是“小世界”的股东之一，与黄金荣齐名的法租界三大亨了。至于“大世界”、“共舞台”等处，也少不了喜欢听戏游乐的杜月笙。

自打杜月笙在沪得知孟梅的婚姻破裂后气儿就不打一处来。如今孟小冬来沪，他要通过法律形式向梅兰芳替孟讨个说法。虽说梅杜之间也有着厚交，但人总是同情弱者的，这次杜就一边倒地站在孟小冬一方，要为这弱女子争个面子。杜亲自给梅兰芳打了个电话：“现在律师信已经发了，要侬出庭。今后大家还要见面的，不要弄得太难看。不是阿拉偏心，好男不跟女斗，还是我来做个和事佬吧。”

接着他提出要梅出赡养费四万块。四万大洋，这在当时可谓天文数字。

梅刚从美国公演回来，虽然名声大振，却亏空甚巨，这笔钱筹齐可不容易。在杜月笙的调停下，梅、孟宣布正式脱离关系。

杜月笙听说孟在天津自我禁闭，念佛诵经，立刻决定由夫人姚玉兰出面邀请孟小冬赴沪暂居调养。他鼓励她摆脱社会舆论的困扰，从人生的低谷中走出来。毁了自己的才华，岂不可惜。

为了平息一些小报拿梅孟事再作文章，杜月笙还为其请律师草拟了声明稿。孟小冬茹斋念佛，对戏剧界来说，无疑是一大损失，要求孟小冬复出的呼声越来越高。最后沉默了三年的孟小冬终于打破沉默说话了。

1933年9月5日、6日、7日在天津《大公报》第一版上，孟小冬连登三天《孟小冬紧要启事》：

旋经人介绍，与梅兰芳结婚。冬当时年岁幼稚，世故不熟，一切皆听介绍人主持。名定兼祧，尽人皆知。乃兰芳含糊其事，于祧母去世之日，不能实践前言，致名分顿失保障。虽经友人劝导，本人辩论，兰芳概置不理，足见毫无情义可言。冬自叹身世苦恼，复遭打击，遂毅然与兰芳脱离家庭关系。是我负人？抑人负我？世间自有公论，不待冬之赘言。

面对人言可谓，面对不公和险恶，作为一个女性名伶，她是敢于奋起抗争的。为了化解孟小冬抑郁心境，杜月笙邀请名票程君谋每日上午来为小冬调嗓说戏，下午姚玉兰请女友来家打麻将消遣，还经常找些票友到家里来过过戏瘾，数月下来，孟小冬的心情渐渐开朗，身体也逐渐恢复，只是当初绝食落下胃疾重症，时有发病，杜月笙便不惜花重金请遍了沪上名医为其调治。

半个月后，孟小冬抖擞精神，重返她酷爱的戏曲舞台。她自己组班“福庆社”在北京吉祥戏院演出《四郎探母》。

在和杜的接触中，孟小冬发现杜月笙十分注重仪表，不论天气多热，其长衫最上面一颗钮扣从不解开，并禁止衣冠不整、赤膊袒胸的徒众出入杜门。她也发现杜月笙很重视教育，除严格要求子女们的学业外，还在法租界善钟路创办了一所正始中学，亲任董事长，并在老家浦东耗资10万元，建起“浦东杜氏藏书楼”，附设学塾。她内心对他的好感与日俱增。

1935年9月27日，孟小冬在北平吉祥戏院与王泉奎、鲍吉祥合演《捉放曹》，再次引起了平津戏迷的轰动。10月19、20、21日在天津明星戏院贴演孟小冬的《失空斩》、《捉放曹》、《四郎探母》、《乌盆记》等，程君谋为其操琴。她的演唱情味浓郁，被压抑了多年的戏迷们在散戏后久久不肯退场，“冬皇！冬皇！”“吾皇万岁，万万岁！”听到此起彼伏的粉丝们的喊声，在后台卸装的孟小冬终于得到了一丝欣慰。

|爱情絮语|

能遇到一个对自己痴心相爱的人是缘分，只是，女人常常会因感动而生感情乃至爱情。情路上，若有人亏欠了你，一定还有人愿意无条件偿付你。

◎ 恩宠亦温暖 须眉乃娇娥（上海）◎

【杜月笙四姨太的别墅——老洋房花园饭店】

上海卢湾区绍兴路 27 号，老洋房花园饭店

听一曲烟落花，许你暖意

老洋房花园餐厅曾是上海滩大亨杜月笙四姨太的私人住所。

这栋三层楼的法式洋房位于宁静的绍兴路上的27号，曲径通幽、闹中取静，因为周围多家出版社的存在显得格外有人文气息。

走进老洋房，左边是笔直的一道水墙，一片潺潺瀑布泻流而下，叮叮咚咚，似是名媛们的轻声细语。苍翠的草坪、潺潺的瀑布墙、参天的梧桐以及幽幽的青石板小径构成了一幅极为优美的室外花园景致，既具有老上海的风韵，又不乏丝丝欧式情怀。

别墅楼上是包房，楼下是大厅。大厅做成挑高的玻璃阳光房，空间通透而惬意。过道的木地板依旧牢固，有几处已经磨出了印痕。洋房、壁炉、护墙板、落地长窗和留声机，一事一物都能寻觅到当年上海金枝玉叶的生活痕迹。一段尘事如烟般在身后消散，恍惚间有一种时空交错的感觉。

老洋房花园饭店内景，富丽堂皇的装饰，无处不透露着奢华的气息

早在1922年，15岁的孟小冬随师父仇月祥到汉口搭班演出期间便结识了同是唱老生的筱兰英、姚玉兰母女，小冬与姚玉兰情同手足，义结金兰。姚玉兰也是唱京剧须生的，后来成为杜月笙的四夫人。

1931年初，冬皇一身男装，拖着虚弱的身子回到阔别了六年多的上海，当她走进姚玉兰家时，姚玉兰被这位身着青布长衫，脚登千层底布鞋，留着中分头的“爷们儿”惊呆了。小冬竟然一身男装打扮，对身为女子的痛苦愤懑表露无遗，而且经常是以双手合十的佛门礼仪表达敬意或谢意。她完全变了一个人。

“令辉！”姚玉兰叫着她的小名，二人相拥许久，孟小冬满腹哀怨涌上心头，禁不住泪眼婆娑，这个世上还有人理解她、惦念她，一切尽在不言中。

1935年11月孟小冬与章遏云应邀同赴上海，于黄金大戏院义演，原定40天，只演出20天突然病倒辍演。随即留在上海，住在姚玉兰家调养治病。

孟小冬与姚玉兰情同姐妹，十分亲热，两人不分彼此，形迹不离。

孟小冬虽然在人前强颜欢笑，神色自若，然而，姚玉兰分明看得出她花容憔悴，日渐消瘦，眉宇间忧郁深锁，也只有在自己面前，小冬才能说说心里话。

| 爱情絮语 |

当自己的金兰姐妹成了丈夫眼里的温柔，那种滋味是怎样的酸楚。但在那个男尊女卑、妻妾成群的年代，男人的温存就好像一个接力棒，从这个姨太太传到下一个姨太太。女人千古的梦想，不过是愿得一人心，白首永不弃。

◎ 英雄虽末路　终有美人伴（上海）◎

【杜月笙四姨太旧居——慧公馆】

上海卢湾区巨鹿路168号，英伦建筑风格的慧公馆

红尘纷扰，愿为你倾尽天下

位于延中绿地中央的这栋三层英式花园洋房建成于 1923 年，是汇丰银行买办席鹿笙的父亲所建，后来成为了杜月笙的公馆，据说杜老板将之赠送给了他的四姨太姚玉兰。洋房外是红瓦砖墙、斑斓琉璃，室内则布置着整套仿古家具、黑白照片，糅合了老上海的历史人文风韵和欧式的古典艺术气息。

现在，慧公馆是高端品牌餐馆，经营精品本帮菜和粤菜。

1929 年，经黄金荣的长儿媳李志清说和，姚玉兰许给杜月笙为侧室。

杜月笙婚后兑现了不让姚玉兰同住杜公馆的许诺，在外另建了一所新宅。婚后出入新宅的客人以戏曲界人士居多，这使喜好京剧的杜月笙得识了不少京剧界的名流以及爱好京剧的票友。按照婚前的约定，姚玉兰婚后不再从事演戏职业，为了排遣姚玉兰的生活寂寞，杜月笙约来文武场面（乐队）到新宅，组织家庭内部排戏吊嗓，这座新宅几乎变成一所票房。孟小冬每次到上海，就和她的好友姚玉兰一起住在这座新宅。

1937 年 5 月 1 日，位于上海市中心的黄金大戏院举行开幕典礼。由大亨杜月笙揭幕并致开幕词。开幕行剪彩礼的是 3 位年轻貌美的女士：孟小冬、陆素娟、章遏云。

孟小冬这次到上海剪彩，是受姚玉兰的邀请。姚早知道杜月笙对孟有意，又念孟已届而立之年，还无家可依。此外，姚虽已嫁给杜月笙，因遭前面的二、三太太反对，尚未搬进杜公馆，又因杜的前 3 个太太都是苏州人，而姚一个人是北方人，感到势单力薄。所以剪彩之后就想把孟留在身边，自己也可以借此壮壮声势。

第二天清晨，姚玉兰对小冬说："小冬，你留下来吧，咱们姐妹合成一家，和那几个苏州女人斗，把家产都夺来，我们两人平分。"

孟小冬早年北上求师以来，长期得到杜月笙的帮助和关心，杜还曾赠金为孟在北平东四三条附近轿子胡同买了一所私宅，自己则在朝阳门内南小街顶银胡同也买了所私宅，供孟和杜家人来居住。

孟小冬还得知，在她与梅兰芳婚变后，杜月笙曾几次报复梅兰芳，为她出气。或许是孟小冬对杜月笙心存感激，也或许是她意识到有杜月笙这样的"老大"来依靠，自己可以后顾无忧，于是，孟小冬留了下来，和杜月笙同居了。此时的杜月笙，是个"跺一跺脚上海就得颤三颤"的人物，他得到了早就钟情的孟小冬，呵护有加，钟爱无比，的确过了几年浓情蜜意的恩爱时光。

杜对孟非常宠爱，名医孔伯华在北平经常给孟看病，孟有次在上海患病，遍寻名医不治，杜特派小火轮接孔伯华来沪。孔伯华看出不过是冬令进补吃多了，便给开了个通气的小方，很普通的一个药方，就治好了。杜一高兴，就送了不少酬金，有人说，这个数字高达十万大洋。

不久，因日寇侵占上海，杜、姚逃往香港，孟小冬暂回北平。过了一年，杜月笙叫孟小冬速去香港。孟小冬到了香港，在杜家盘桓数月后，又返回北平。

青寒暮雪谁与共，此去经年人独悲

1938 年 10 月，在杜月笙的安排下，孟小冬在北平正式拜余叔岩为师。入门以后，小冬悉心侍奉师父，并且严格按照师父的要求，在这五年的深造期间，基本停止了演出。孟小冬冰雪聪明，资质绝伦，而其师徒之谊，情逾父女，故能倾囊相授薪火相传。余叔岩在 5 年时间里专门为她说过近 10 出戏的全剧，一日为师，终身为父。期间余叔岩几次手术，孟小冬都不离左右，情逾骨肉，最后她终成余氏衣钵的唯一杰出传人。

学戏是一个繁琐和枯燥的过程，余叔岩告诉孟小冬自己年轻时，每天一大早天不亮就到北京城南金鱼池、窑台喊嗓子，直到天亮才回来。冬天在院子里泼水让地面结冰，然后他穿上靴子在冰上练功。孟小冬一生所灌唱片都是在学余之前，有人对她提醒说："你师父现在靠灌片补生活，你最好不要灌唱片。"深明大义的小冬即从此再未灌过唱片，只留下了那成为绝响的《搜孤救孤》的实况录音。

1941 年香港沦陷，杜月笙从此困居重庆。一个多月后，姚玉兰及子

慧公馆门牌及市政府颁发的优秀历史建筑牌匾

女等也辗转千里，由港安全到达重庆。这一呆就是三年多。

1943 年 5 月 19 日，余叔岩因患膀胱癌不幸病逝。此后，孟小冬心灰意冷，无心唱戏，当时北平正处敌伪政权时期，孟小冬以“为师心丧三年”为由，谢绝歌场，隐居不出。直到抗战胜利，日本投降，方与程砚秋合作，通过广播电台向全国播唱《武家坡》以示庆祝。

1945 年杜月笙回到了阔别已久的上海，这时姚玉兰和几个子女还都留在重庆，一时回不来。他把孟小冬从北平请到了上海。如今的孟小冬，年已快四十，由于常年嗜食鸦片，加之经常生病，显得消瘦，但依然还是别有风韵。一对乱世鸳鸯久别重逢，说不尽的甜蜜。但她在姚玉兰从重庆返回上海之后，就孤身返回了北平，不想影响他们的生活。

1947 年 8 月 30 日，是杜月笙 60 岁生日，当时，恰巧两广、四川、苏北等地发生水灾。杜月笙决定来个祝寿赈灾义演，杜月笙最为关心的是孟小冬这次能不能来。

孟小冬到沪后，为了便于排戏，即暂居杜公馆。按预定计划，演出从 9 月 3 日到 7 日，为期 5 天。但因南北名伶荟萃，特别是梅兰芳抗战期间蓄须明志，已快 10 年未登台，孟小冬更是观众渴望已久的余派嫡传。为满足观众要求，大部分戏码连演两天，一共演了 10 天。这次义演，观众买了贵过黄金的票价，许多人都是特别从外地甚至从国外乘飞机来捧场的。

孟小冬两场《搜孤救孤》的演出，征服了成千上万的观众，很多参加祝寿演出的名演员都站在后台，屏息静听。梅兰芳的管事姚玉芙透露说，梅先生在家听了两天电台的转播。

杜月笙把梅兰芳和孟小冬的戏码岔开，10 天戏中，两人分演大轴，梅 8 天，孟 2 天，并不见面。梅孟非但台上未遇，台下也未曾见过。就连最后一天杜月笙亲自参加的全体合影，因有梅在场，孟也推托疲劳而辞谢了。

孟小冬在义演结束的第二天，便整理行装，向杜月笙和姚玉兰提出北返，临行只拿了一只金表，其他什么也没要。孟小冬孤身独居，身体瘦弱，常闹胃病。1948年，她突然接到姚玉兰的挂号信，希望她火速到上海暂居。

此刻孟已人过中年，杜则是老病缠身，两人分分合合却始终互相牵挂，这些过程姚玉兰都知道，而且，当初是她撮合他们的，现在孟小冬还没有一个家，她也觉得自己对不住她，看到她和杜月笙的纯挚感情，自己没有理由不再次撮合一次了。况且，现在杜月笙已是风烛残年了，抚慰这个男人比自己吃醋更重要。为了表示诚意，姚玉兰还把原来认小冬为义母的次女杜美霞，正式过继给孟小冬。

自此，孟小冬安心地留了下来，终于有了归宿。平日里孟小冬悉心照料杜月笙的病体，不离左右，成为杜家一员了。

孟小冬对梅兰芳是全身心投入的热爱，锦衣玉食，金屋藏娇，都无法稳住孟小冬那颗动荡的心，因她所求的只是一个名分。可是造化弄人，偏偏就没有。经过了乱世离散，孟小冬对杜月笙已经是无所求了，哪怕是五房六房，只要有个安稳的生活，早已波澜不惊。

爱情絮语

事业和男人相比，还是前者更牢靠点。孟小冬在事业上的追求是令人佩服的，也因为有了这样的精神寄托，她才赢得了男人的尊敬。以色事他人，能有几时好？即使是孟小冬那样的绝世美貌，也经不起岁月的杀猪刀啊。

◎ 众疑难低身 一生服侍人（上海）◎

【杜公馆】

东湖路7号，昔日的杜公馆，今日的上海东湖宾馆所在地

倾一世繁华，只为在你身旁

距上海最热闹商业区淮海路咫尺的地方，便是东湖路七号。高高的围墙，紧锁的黑色铁门，门口写着“大公馆”几个字。这里曾叫杜公馆，是上海名人杜月笙居所，一九七二年中美联合公报的商定所在地，“海峡两岸”一词也是首次在此被提出。

公馆为混合式建筑风格，采用对称、分段等古典构图手法，空间层次变化丰富。窗台、栏杆、檐口等处有装饰带，细节处精美。

当杜月笙准备搬进新公馆居住时，正值八一三抗战爆发，所以这幢新公馆杜月笙一天也没有住过。抗战胜利后，东湖路杜公馆一度被国民党军统占用，后来杜月笙索性把这幢房屋以 60 万美元卖给美国新闻处，直至后来用作美国领事馆。

孟小冬初次婚姻遭遇不幸，又逢国难兵荒马乱，时光无情地把她昔日的靓丽容颜几乎消损殆尽。当年红遍大江南北，可以连演数十场而不歇工的孟小冬，如今却已是弱不禁风体力不支。

1946 年孟小冬是在上海度过的，她的琴师王瑞芝始终忠实地伴随着一个不登台，不演出的名角说戏调嗓。而此时杜月笙的日子也不尽如人意，抗战期间把自己的家底都打光了，想不到抗战胜利后却受到老蒋的冷落排挤，未免心灰意冷，竟一病不起。孟小冬的到来为杜月笙打了一针强心剂，激活延长了他的生命。

孟小冬飘零天涯，是杜家给了她温暖，她无以为报，亲自为杜月笙煎药熬汤，侍奉枕边。孟小冬做的这一切使杜月笙大为感动，他没有想到在自己老病缠身的花甲之年，居然还有这一份迟来的真情。

侍疾之责，非一两日可成。久病床前还无孝子啊，这一副担子，一日 24 小时，长年累月，没有一时一刻可以卸得下来。这份感情到底是感激还是爱，已经不重要了，杜月笙的病中生涯，唯一的安慰是孟小冬的尽心尽力，柔情万种。孟小冬自入杜门，她从没有发一句牢骚，出一声怨言，这也得到了杜府上下的尊敬。孟小冬身怀绝艺，孤高冷艳，像这样卓尔不群的女子，让她在杜公馆这么一个复杂的环境里，长伴一位风中残烛般的久病老人，她甘心，他却不忍。

杜月笙体会得出孟小冬的心境，平时称呼也跟着自己的儿女一样，亲亲热热地喊她“妈咪”，轻声细语地从不对她发脾气。“妈咪”想买什么，要吃什么？只要孟小冬略一透露，他便忙不迭地命人快办，于是在外人看来，有时候反而是杜月笙在多方面照顾孟小冬。

1949 年 4 月 27 日，在杜公馆门前，形销骨立的杜月笙黯然神伤，他在孟小冬的搀扶下，最后绕着杜公馆气喘吁吁走了一圈，伤感地轻声道：“妈咪，我们走吧。看来，上海滩是回不来了！”四十年的苦心经营都随雨打风吹去，“仓皇辞庙日”，只能“挥泪对宫娥”了。

1949 年 4 月，上海即将解放，孟小冬随杜月笙家人乘坐荷兰“宝树云”号客轮匆匆驶离上海。

柳暗花明人已惑，春情何为秋心锁

晚年孟小冬追随杜月笙去了香港。到香港后，杜月笙的身体越来越差，孟小冬一如既往，整天为杜月笙的病体操持，煎汤熬药，不离左右。

除了悉心调理病人之外，唯一使孟小冬高兴的是每逢星期五在杜府的清唱雅集。1950 年，杜月笙有意全家迁法。有一天杜月笙在房里屈指细算，连同顾嘉棠和万墨林两家，一共需要多少张护照？当他算好了一共要 27 张，当着房中各人，孟小冬便淡淡地说了一句：

“我跟着去，算丫头呢还是算女朋友呀？”

一语方出，环室肃然，杜月笙当众宣称他要践履诺言，尽快与孟小冬成婚。

杜月笙与孟小冬在香港，经过世事沉浮的二人在此度过了一段恬淡岁月

如今杜月笙缠绵病榻，天天在吸氧，而且正值避难香港，日处愁城，又何必大事破费多此一举？反对者再三陈词，苦口劝阻，1950年，杜月笙不顾家人的阻挠，坚持要与孟小冬补行一次婚礼，请的只有杜月笙的至亲好友。婚礼当晚，新郎杜月笙下了他那几乎离不开的病榻，穿起了长袍马褂，头戴礼帽，坐在手推轮椅上被推到客厅，孟小冬着一件崭新的滚边旗袍依偎而立。杜月笙将在港的儿子、媳妇和女儿、女婿全部叫来，命他们给孟小冬行跪拜礼，以后都要称呼“妈咪”。“妈咪”送了他们每人一份礼物，女儿、媳妇是手表一只，儿子、女婿则一人一套西装料。自此，孟小冬一生苦苦追求的“名分”，终于如愿以偿，正式做了大亨杜月笙的第五房夫人。

身为女人的“冬皇”，在不惑之年后，终于有了自己名正言顺的归宿。孟小冬是他在人间最后的温暖，最后的安慰，杜月笙在婚宴上当众动情地说道：“直到抗战胜利以后，方始晓得爱情”。

从上海到香港，从风云人物到寓公，从挥金如土到千金散尽，这种落差，对杜月笙心灵的冲击可想而知。杜月笙的哮喘病一发而不可收拾，卧病在床，英雄末路，美人白发，而在他身边捧着药碗的，始终是孟小冬。

当年被认定“人服侍”的孟小冬，虽秉性刚烈，一旦遇到她生命中真正情之所钟的倾心之人，往往比寻常贤妻良母爱得更深，付出更多的柔情。从上海到香港，从繁华到衰败，不离不弃，素衣侍疾，她把全部生命都用在“服侍人”上了。

“人遇上怎么要分，太多生死热爱与恨”。不想分也要分了，人生没有不散的筵席。

“只是一切都过去了罢。”当暮年的孟小冬一个人在香港和台北守着那份宁静，并以自己的毕生心血教导着后辈们时，她早已不是当初那个从上海走出去的名角了。她默默地守着自己的那份宁静，平和地走向她的人生终点。1977 年 5 月 26 日晚，孟小冬因心肺病辞世于台湾，享年 70 岁。

而“冬皇”在中国内地沉寂了半个多世纪后，其名其声终于回归故土，在京剧戏迷中，再起“冬皇”小旋风。斯人已去，但“冬皇”影响不绝。

黑胶老唱片里的唱腔如此苍凉，“广陵绝响”的余韵弥散着无奈。繁花落尽，有位佳人，在水一方，历经心酸，一生传奇。

| 爱情絮语 |

爱情世界里，只有爱不爱，没有会不会。那些揣度孟小冬不会照顾人的人们，也许想不到他们眼中娇贵如众星捧月般的“冬皇”，会敛眉俯首服侍在师傅和爱人身边，衣不解带。也许，在爱情面前，女人都一样。

◎陆◎

才女娇娃

陆小曼——眉轩香影，荼蘼花事了

◎ 娇蛮五公主　陆家掌上珠（上海）◎

【陆小曼娘家】

陆小曼童年和少年时代的家，孔家弄31弄2号弄堂进口

长亭复短亭，古亭台阶揖手别

陆小曼，1903 年出生在上海南市孔家弄，小时候的她眉清目秀，肌肤白皙，是个人见人夸的美人胚子。

小曼的母亲曾生育 9 个孩子，除排行第五的小曼之外，其他全部不幸夭折。机灵聪明的小曼是陆家唯一的孩子，从小体弱多病，也因此得到父母更多的溺爱，娇生惯养，娇蛮任性。不过，她比一般女孩更聪慧顽皮，被父亲教训了一下，才收了心，好好读书。

在十里洋场的上海，其父陆定是经济领域的一个知识型的官僚。他不仅是晚清举人，而且还是留学日本早稻田大学的高材生，是日本首相伊藤博文的得意弟子，与曹汝霖、袁观澜、穆湘瑶等民国名流是同班同学。因此，陆小曼的许多同学和小姐妹都是当时社会名流的千金。

陆小曼之所以后来才倾天下，名动京城，和她父母从小的教育培养是分不开的。父母从小就开始让她接受最好的教育，从北京女子师范附小到北京女中，再到圣心学堂，都是贵族子女就读的地方。母亲教她怎样成为一个万众瞩目的名媛，从走路的姿势，到吃饭的礼仪，甚至微笑时露出牙齿有几颗，都有讲究。父亲则为她请来外籍老师家教，辅导英语口语。

胡适说："陆小曼是一道不可不看的风景"。她拥有良好的家世背景，琴棋书画样样精通。在学校里，大家都称她为"皇后"。

奉父母之命，19 岁的陆小曼与王赓结为连理，但两人关系并不是很好，王赓是行伍之人，不会弄小曼那些风花雪月，这样的婚姻自然难以爱之骨髓。

陆小曼凭借精通英法两门外语，被北洋政府外交部长顾维钧聘用为兼职外交翻译。因此，陆小曼在社交界舞会上大出风头，并不是因为她是富太太，而是因为她是当之无愧的才女。陆小曼在外交部任职三年，以随机应变又得体的工作得到了大家一致的赞赏。可是人生起点如此之高，不知她后半生面对淡常的生活又没有施展抱负的平台时，又是怎样的心情？

陆小曼书不仅是美女，也是当时有名的才女

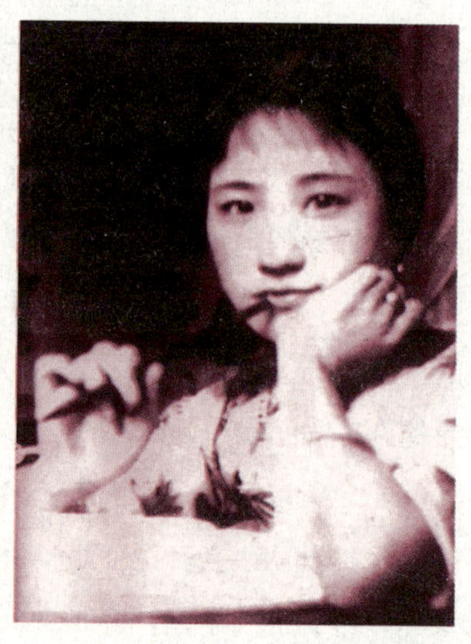

陆小曼的美貌倾国倾城，也难怪让多情公子一见钟情

当时就有一种说法："南唐北陆"，说中国南方有佳人唐瑛，北方有绝色陆小曼。一次，英国王室来访问中国，唐瑛过去表演钢琴和昆曲，很是耀眼。当时的各大报纸上登了她的大幅玉照，风头盖过了王室，也是她交际生涯最显赫的时期。

后来，陆小曼去上海后，她与唐瑛惺惺相惜，很快就成为了好朋友。

1927年，在中央大戏院举行的上海妇女界慰劳剧艺大会上，陆小曼与唐瑛联袂登台演出昆剧《拾画》、《叫画》。有一张陆小曼与唐瑛的对戏照，当中陆小曼轻摇折扇，唐瑛走台步，两人皆是一身的戏。

那时候，王太太小曼妖艳无比，似一条寂寞无边的青蛇。一袭绿地暗花的旗袍，立在舞台中央，莲步轻移，缠绵悱恻的《牡丹亭》便钻进观众的耳朵里和心里：

"原来姹紫嫣红开遍，似这般都付与断井颓垣。两城美景奈何天，赏心乐事谁家院？"

曼妙到极致的曲调，袅娜多姿的身影倾倒了众生，当然首当其冲的就是难以抵挡的多情公子徐志摩。

徐志摩邀小曼对戏，唱的是梅兰芳的《春香闹学》，她演俏皮的小春香，他是那腐朽的老书生，戏里戏外都是郎才女貌，戏假情真，这出戏便成了两人擦出火花的催化剂，爱的种子开始在各自心里慢慢发芽。

为了能够经常见到陆小曼，徐志摩经常拜访王府，也顾不得他和王庚是故交了。王庚时任哈尔滨警察局局长，平时公务繁忙，因此，徐志摩来访，每次他只是草草应付一下，然后就叫陆小曼招待了。王庚自然不知道徐志摩来拜访根本是醉翁之意不在酒，所以被朋友和太太双双背叛竟也浑然不觉。

徐志摩和陆小曼迫不及待地一起去西山赏红叶，一起去听雨轩喝茶，一起去花鼓楼看一场《春闺梦》。朋友妻，不可欺，徐志摩忘记了古训，他一直生活在有情天地无情天里，他的激情和火辣诗句让陆小曼坚决离开了前夫，倒在他的温柔乡里。

他们的事情终于被王庚知道，他恼羞成怒，拔出腰间的佩枪，对准妻子的太阳穴，陆小曼安静地闭上眼，她没有一丝胆怯，更没有求饶。王庚终究还是不忍，静静地放下手里的枪，深深叹了口气，“好吧，我成全你们。小曼，我是真心爱你的，但这是你的选择，我尊重你，我祝你们幸福。”

林徽因的美，遗世独立

说完这些，王庚转过身，拖着沉重的双腿，慢慢离去。陆小曼含泪凝望着丈夫的背影，从此萧郎是路人！

徐志摩，第一次遵父母之命与张幼仪成婚，由于缺乏共同语言，1922年，他不顾家庭反对，也不顾身怀六甲的妻子，非要与张离婚不可，就是为了苦苦追求才女林徽因，为了林徽因，徐志摩成为了中国文明离婚第一人，并为此遭到世人的唾骂。当他在异国他乡以惊人的速度办好离婚之后，兴奋地去找林徽因，可林已悄然回国，他又从英国追到中国，发现他的情敌是自己恩师梁启超先生的公子，徐志摩陷入了前所未有的尴尬境地。

林徽因是个怎样的女人？竟让徐志摩如此疯狂。

她，腮凝新荔，鼻腻鹅脂，她的气质、修养、风度、性情，如同稀世美玉。

她既是诗人、作家，又是教授，也是中国第一位女建筑设计师。她学贯中西，长于哲学思考，英文口译十分流利。她的风华迷倒众生，一个世纪里无数人将她视为心中女神。大学者胡适称她为“中国第一才女”，新月派诗人徐志摩视她为“唯一的灵魂伴侣”。这场美若彩云的爱恋，终因徽因嫁与梁思成而作罢。

不久，他在北平上流圈子里认识了陆小曼，即刻坠入爱的旋涡。

背负千夫所指的骂名，1926年秋，徐志摩和陆小曼，在北京北海公园图书馆的大厅里，举行了婚礼。

恩师梁启超，即林徽因的公公在婚礼上的话份量好像有千斤之重：“徐志摩、陆小曼，你们都是离过婚的，这全是由于用情不专，以后要痛自悔悟，作为今天这场婚礼的证婚人，我送你们一句话，祝你们这是最后一次结婚！”爱火正炽的二人，此刻正沉浸在满满的幸福里，对于这种告诫并没有放在心上，在他们看来，只要两人真心相爱，其他什么都不重要了。

| 爱情絮语 |

林徽因不愿意嫁给浪漫的诗人而选择了建筑师，陆小曼却爱诗人的激情而和行伍的军人丈夫离了婚。婚姻的智慧是一门大学问。尤其是在没有进入婚姻前，对于婚姻的认识和判断很重要。拨开爱的迷雾，看未来人生，几人能有这样的睿智？

◎ 新婚燕尔时 苦情终眷属（上海）◎

【陆小曼、徐志摩故居】

陆小曼和徐志摩故居之南昌路。陆小曼和徐志摩于 1926 年 10 月 3 日结婚。两人的第一处婚房，就在当时的环龙路即今天的南昌路上。如今这里已经难觅当年的芳踪了

此情不过烟花醉

有人说过，一个男人如果没有赢得爱情，他可以成为哲学家，科学家，总经理，但是不可能成为诗人。诗人的另一个名字叫作浪漫，在他们的眼里，世界是那么柔软。小时候读泰戈尔的诗集，很好奇也很向往他所描绘的那些地方，只有花环，珍珠，柔情，美丽的容颜，不知那里是何地。现在才知道，一样的土地，一样的生活，只不过，诗人看到的都是瑰丽。那是因为，有爱。

徐志摩与陆小曼婚后，初住在上海环龙路，今南昌路花园别墅 11 号，这是一幢三层洋房。

如今，这座三层楼的别墅已经分别由四户人家租用，围墙上高出一截的镂花铸铁栏杆上，撑着晾衣竹竿，上面挂满了衣物，窗户也早已变成了现代的塑钢窗。只有门口那块“徐志摩曾在此居住”的旧居牌，证明着这栋房子曾拥有过的荣耀。

徐志摩虽然不是正宗的上海人，但其与上海的渊源颇深。杭州一中毕业后，徐志摩于 1915 年考入了上海沪江大学，后又就读于北洋大学、北京大学、哥伦比亚、剑桥大学，1922 年回国在北京大学、清华大学任教，发起新月社，担任《晨报·诗镌》副刊主编。1926 年他重返上海，在上海光华大学、东吴大学等大学任教。随后办新月书店，1928 年 3 月 10 日主编创刊的《新月》月刊。

两人的婚姻刚开始的时候，就像漫天的烟花开遍，无限旖旎，让人陶醉。

曾几何时，陆小曼和徐志摩几乎就是郎才女貌的最佳典范

那时在志摩的老家，小曼每一天都要志摩抱着她走下楼去，这些甜得让人发腻的做派当然让徐志摩的父母不能接受，但毕竟他们结婚了，看不惯也只好忍着。

堵心还不止于此，这个挥霍无度的儿媳妇竟然从外地购买了许多高档消费品，运来这里，勤俭持家的二老再也受不了，动身去了上海。

1926年，北伐的战火向杭州蔓延，徐家靠得近，也很危险。徐志摩匆忙带着太太逃往上海，身上没带多少钱。一路奔波辛苦，好不容易回到上海，在这里安家落户。

每天华灯初上的时候，陆小曼就在梳妆台前忙活开了，描眉抹胭脂，喷香水，踏着夜色走向灯红酒绿的娱乐场所，这是她熟悉的生活。所以，有人说，一个人的第一份工作将会影响他后来的一生。陆小曼的第一份工作，就是在外交部的酒会舞会上谈笑风生，这已经给她的脑子烙上了深深的烙印。

可是，徐志摩不是商人，他的每一分钱都要靠教书、靠写字，虽然，那时候，教授及作家的工资很高，但也架不住太太如此奢靡的生活。

爱情是那么灿烂夺目，可生活就是柴米油盐酱醋茶，贫贱夫妻百事哀，没有钱就只能过清苦的日子。陆小曼这位千金大小姐哪吃得了这个苦，她的生活水准绝不能降低，从这点来说，她对丈夫是不体贴的。

及至于今天，徐志摩的粉丝和陆小曼的粉丝各自打口水仗，一方说她害死了他；一方说陆小曼本来就是下嫁，她那么好的出身。

在我看来，一切都是命。他对张幼仪那么绝情绝意，什么话都讲得出来，对他喜欢的陆小曼却百依百顺，百般求全，简直乾坤倒转。这怎能不是命呢？

兰花寂寞朱颜瘦

有一次，胡适做东，邀请张幼仪去参加一个饭局。去之前她知道陆小曼也会去，所以有些犹豫，但最终还是去了，因为她觉得自己去了，会显得“有志气”。张幼仪真的是要强，这种不快和不爽何必去自寻苦吃，而她也是坚强的，对于世间各种苦都吃过，再多一些也无妨。

张幼仪也是名副其实的美人，可是徐志摩就是无法喜欢她，因为她身上缺少林徽因和陆小曼那种新时代女性的魅力

饭局上，陆小曼喊徐志摩“摩”、“摩摩”，徐志摩喊她“曼”或者“眉”。张幼仪想起徐志摩以前对自己说话总是短促而草率，心中不觉悲苦，只好最大限度地保持了沉默。

由此可见，徐志摩不是一个念旧和重情义的人，就算张幼仪和他是父母之命，媒妁之言，总有夫妻情分在里面，何况他们之间还有孩子。再说了，你爱上别人，张幼仪又没拦着你，离婚这天大的事情也挨过去了，为什么还要当着前妻的面，和现在的老婆卿卿我我到如此地步?

多少年后，张幼仪对侄孙女张邦梅回忆道："我没法回避我自己的感觉。我晓得，我不是个有魅力的女人，不像别的女人那样。我做人严肃，因为我是苦过来的人。"

张幼仪的母亲有八个儿子四个女儿，但她母亲从来只告诉人家，她有八个孩子，因为只有儿子才算数。张幼仪的二哥和四哥都早早出国留学，二哥张嘉森在日本留学时与梁启超结为挚友，回国后担任《时事新报》总编，还是段祺瑞内阁国际政务评议会书记长和冯国璋总统府秘书长。四哥张公权二十八岁即出任中国银行上海分行副经理，是上海金融界的实力派。

只有当张家为男孩所请的私塾先生有空的时候，才过来给女孩子们讲点《孝经》、《小学》之类。张幼仪是一个努力的女孩子，十二岁的时候，她在报纸上看到有一所学校的招生启事，收费极低，便颇有心计地和大姐一起求父亲让她们去上学，父亲总算勉强答应。

张幼仪一直想不明白的一件事情是，算命的说她和徐志摩八字不合，她母亲便改了她的八字，非要看上徐家的公子，她当然拗不过父母之命和命中之命。不过即便如此，这样的大户人家在外面还是不肯让自己的女儿吃亏的，为了让她嫁得风光体面，她带来了丰厚的嫁妆，都是家人特地从欧洲订购的，海运到中国，再从上海运到浙江海宁硖石。嫁妆是原装进口的家具器皿，就是放在今天，也是足够上得了台面的。

徐志摩是硖石首富徐申如的儿子，不过关系网还要靠老婆家里，他想拜梁启超为师，大舅子便帮他牵线。

徐志摩可以贴上诗人加情种的标签，宅心却不仁厚，对这样的老婆是一千个不喜欢，一万个冷落。可是偏偏，他还让她怀孕生产，还让她去把第二胎打掉，因为他要赶在林徽因回国之前，离婚另娶，他要做中国文明离婚第一人。

尽管张幼仪也是漂亮的，更是能干的，他依然视她为一个无趣的土包子。张幼仪却一直以为是自己做得还不够，她后来为徐志摩做得确实也非常多，但这些使得徐志摩依赖她、信任她、尊敬她，而始终不能爱上她。

在异国他乡的孤寂里，他冰冷似箭的话语刺痛了她的心，她却没有倒下，她挣扎着说，祝福你，能找到一个比我更好的女子，她真的是温良恭俭让的女子。只是，在他的背影离去之后，她才舔舐着自己的伤口，任泪水狂奔而下。

岂止是孤独呢，我已经遍体鳞伤，岂止是遍体鳞伤呢，我封锁了我的一生。

张幼仪的确比较严肃，因为从小没有得到家人宠溺的孩子都是这样的。而他喜欢的林徽因及陆小曼，皆为自信明朗，这样的女人哪个男人不喜欢呢？又何况，徐志摩本身就是风花雪月的浪漫诗人，和张幼仪的实干精神还真是不搭调。

林徽因及陆小曼的父母简直宠坏了她们，一个从小快乐的人当然有心思去寻找生活的情趣，这种性格让她们凡事都会按照良性思维去考虑，从好处想，同时她们也不会因为才见到第一个男人就以为这棵树就是全部的森林，她们不会因为这个男人的好或者不好就把自己的青春乃至身家性命滥赌上去，因为她们从来不缺爱。

她们在男性的世界里游刃有余，不是滥情，而是高傲，将这些男性赋予不同的角色而已，能做同学的也许做不了蓝言知己，能做长辈的就不要搞七捻三，她们期待那个真正属于她的真命天子，从繁华跌落凡尘，从此洗尽铅华为他洗手做羹汤。

爱情絮语

生活是回避不了的吃喝拉撒。可往往年轻人对于老年人的忠告总是不耐烦，总以为他们都是没谈过恋爱的老古董。其实，谈没谈过恋爱是不重要的，重要的是，你要不要进入婚姻，他们都是婚姻战场的实战者，他们的经验当然是值得参考的。

◎ 赢得浪漫名　谁解莲苦心（上海）◎

【徐志摩和陆小曼香巢】

上海市延安中路，原福熙路四明村923号。1926年到1931年，徐志摩和陆小曼就住在四明村临街的一幢小楼里。1998年延安路高架扩宽，四明村临街的一排小楼被集体拆除

执手许千年，月下鸳鸯羡

上海市延安中路，原福熙路四明村923号，1926年时曾是徐志摩与陆小曼新婚的“香巢”。

婚后不久，徐志摩和陆小曼就从南昌路搬到了这里，这是一幢上海滩老式石库门洋房。于1912—1928年间由四明银行兴建，刚开始是四明银行的高级职员居住，后来一些素质较高和经济条件良好的“大老板”或者文化界、文艺界的名流渐渐入住，当时像胡蝶、章太炎等不少文化名人都居住于此。

陆小曼在这里租了其中一幢，每月租金银洋100元左右。

如今，这里已经被拆迁，要想去寻访徐志摩陆小曼故居已经不可能了。不过也有一些老人说，他们的故居就在弄堂口大门面对的延安高架下。

二楼是被徐志摩称为“香巢”的婚房，这里见证了两人一生最温馨浪漫的时光

过去的四明村，一个门牌号里一个家庭。现在一个门牌号里住上了几户人家，最多的达到了七八户。“文化名人墙”上写着曾住在这里的名人，但也只能看看而已，不能不说是种遗憾。

而拆迁前的风貌只有从一些游记中寻找了。

这幢两层欧式洋楼是尖顶的，典型

的哥特式风格，楼房两侧开有敞亮的百叶窗，室内光线充足而柔和，装璜也十分考究。

一楼是陆小曼父母的卧室及会客厅，顺着楼下当中的穿堂拾级而上，二楼是徐志摩夫妇的起居室。二楼卧室进门就有一面落地长镜，左侧是欧式壁炉，散发着温馨浪漫的爱意。炉沿上仍然摆放着他俩的结婚照片，照片上的陆小曼身穿曳地白色长裙，妩媚动人。站立一旁的徐志摩，清秀洒脱，笑容满面。卧室正中摆放一张铜床，两边各有一盏圆罩台灯。精美的天花板上悬有华丽的吊灯，垂下乳白色的灯盏，增添了室内豪华的气氛。中间一张八仙桌是晚餐桌，因为小曼从不用午餐。她是把白天当作黑夜、黑夜当作白天的人。新人卧室整天垂着深红色的厚重窗帘。

后小间作小曼的吸烟室，二楼客堂间是会客室。也备烟榻，供客人使用。

与卧室相连的是书房，由徐志摩书写的“眉轩”条幅，装裱后挂于左侧墙上，字迹清秀隽永，以“眉”命名的“眉轩”，表达了徐对陆小曼深沉的爱。书房还有沙发、茶几，地面铺有厚厚的地毯，整体给人一种书卷气很浓郁的感觉。《爱眉小札》、《媚轩琐记》和《小曼日记》都诞生在这里。徐志摩将给陆小曼的情爱书信，编为《爱眉小札》，字里行间涌动的热情，如火山爆发般的热烈，香艳至极。对一个志趣相投的女子的深深之爱，想来也许他本是留给徽因的，造化弄人，他是永远的错过，所以他转而投给了小曼。

从某种意义上来说，我们每个人都有心中向往的爱情，我们爱上的不过是我们的爱情，那个被我们爱上的人不过是承载我们爱情的载体。

拨动心弦的那双神秘手，抚慰心灵的那双温柔手不能度身订做，也不能按图所骥。

三楼是志摩的书斋，铺有厚厚的地毯，放着漂亮的椅垫。窗外那棵法国梧桐，把书斋映得一片碧绿。墙壁上钉着些色彩斑斓的蝴蝶标本，还挂着一幅俞珊的《沙洛美》剧照，一切陈设除了洋气，也有些俗气。沉溺于这片“佳丽金屋”却始终不能自拔的诗人，终于感到生活“已变成一个长夜挣不开的恶梦”。

围绕二楼的雕花走廊走去，就是宽敞的客厅，里面一色的中式桌椅，两壁挂有字画，风格端庄古扑。徐志摩在这儿会见过许多现代文学史上著名的作家，如胡适、郁达夫、梁实秋等。印度大诗人泰戈尔也在此度过难忘的三天。

泰戈尔后来又两度到上海，每次都会在徐志摩家逗留两天。有意思的是，泰翁不要住特地为其准备的一间小印度房，而要求住徐志摩小两口的卧室，要睡他们“那顶有红帐子的床”，说是具有异乡的风味。志摩知道泰戈尔会作画，就和小曼一起要求他在一本纪念册上也画一幅，泰翁欣然答应。他心平气和、毫不费力地在一张洒金的大红笺纸上作了一幅水墨自画像，笔调粗狂，还用钢笔在右上角写下一句秀丽而富哲理的小诗：小山盼望变成一只小鸟，摆脱它那沉默的重担。并在另一纸上用孟加拉文题诗一首：“路上耽搁樱花谢了，好景白白过去了，但你不要感到不快，（樱花）在这里出现”。

陆小曼是个购物狂，平时派头很大，动辄一掷千金。看到什么喜欢就毫不犹豫买下来，从来不问价格；加之她喜欢社交，每天应酬不断，夜夜忙着打牌、跳舞、唱戏、演剧，挥金如土，一个月的开销就要两万多银元。

当时的徐志摩，已经被父亲切断了经济来源，为了养家糊口，只得在光华大学、东吴大学、上海法学院、南京中央大学以及北平北京大学等到处兼课，拚命赚钱，以博娇妻一笑。同时，他还在新月书店、中华书局兼职，以此弥补经济上的不足。即使这样，却还是要经常欠债。长此以往，徐志摩对陆小曼的不满越来越多，昔日的温存、浪漫，也开始一点点消褪。

春风拂剑露华浓

“我白天向往的，夜间祈祷的，梦中缠绵的，平时神往的——只是爱的成功，那就是生命的成功”。徐志摩把对陆小曼发自肺腑的爱看作他生命的一切。然而这轰轰烈烈的爱情却渐渐变得如开水般平淡，厌倦和苦恼却越来越多。

有一次，小曼对日渐熟悉的王映霞诉说：“照理讲，婚后生活应过得比过去甜蜜而幸福，实则不然，结婚成了爱情的坟墓。志摩是浪漫主义诗人，他所憧憬的爱，最好处于可望而不可及的境地，是一种虚无缥缈的爱。一旦与心爱的女友结了婚，幻想泯灭了，热情没有了，生活便变成白开水，淡而无味。”对志摩劝她不要打牌、不要抽鸦片也听着很烦。同时，志摩的父亲徐申如对小曼的冷淡和不理不睬，也成为她情绪苦闷的因素。

徐志摩在北平任教，陆小曼由于病体需要在沪调养，不肯随行，徐志摩便风尘仆仆往返于京沪二地。

徐志摩给陆小曼的信中曾这样写道："爱，在俭朴的生活中是有真生命的，像一朵朝露浸着的小草花；在奢华的生活中，即使有爱，不能纯粹，不能自然，像是热屋子里烘出来的花，一半天就衰萎的忧愁。论精神我主张贵族主义，谈物质我主张平民主义。""你猜我替你买了什么衣料？你看了准喜欢，只是小宝贝，你把摩摩的口袋都掏空了，怎么好？"

陆小曼夜夜笙歌，一到没钱的时候，催款的电报就到北平，她也不管丈夫是否累了，是否孤单。我也着实纳闷徐志摩怎么吃得了这个苦，他不也是娇滴滴的公子哥么？这就叫天生冤家，一个愿打一个愿挨。

1931 年 10 月底，小曼不知什么原因，一连十几封电报，急催正在北京忙于工作的志摩立即南返。当志摩回到上海后，历来温和的小曼，竟大发娇小姐脾气，而起因仅仅是因为志摩的几句"规劝"。

面对被鸦片烟熏得萎靡不振的小曼，志摩苦口婆心地对说："眉，我爱你，深深地爱你，所以劝你把鸦片烟戒掉，吸烟对你身体有害。现在你瘦得成什么样子。我看了，真伤心得很，我的眉啊！"

良药苦口，忠言逆耳，志摩的一番话竟惹得小曼大发雷霆，她随手把烟枪朝志摩脸上掷去，志摩躲闪及时幸未击中，但鼻梁上的金丝边眼镜却滑落到地上，镜片碎了！

忍无可忍的诗人终于拂袖而去，次晨赴南京。随后，因北京还有林徽因的重要学术报告，又匆忙搭机北飞。为省钱，他搭乘的是中航平京线的"济南号"邮机。结果没料到，飞机失事了。

对于这起空难，当时的《新闻报》是这样报道的："该机于上午十时十分飞抵徐州，十时二十分继续北行，是时天气甚佳。想不到该机飞抵济南五十里党家村附近，忽遇漫天大雾，进退俱属不能，致触山顶倾覆，机身着火，机油四溢，遂熊熊，不能遏止。飞机师王贯一、梁壁堂及乘客徐志摩，遂同时遇难。死者三人皆三十六，亦奇事也。”

1931 年 11 月 18 日，徐志摩来到云裳时装公司，拿他定做的衬衫。得知他第二天要搭乘中国航空公司的邮政飞机返回北平，前夫人张幼仪劝他不要搭这班邮机，她感到太不安全，谁料一语成谶。

行前他也与翁瑞午恳谈，再次要求他好好照顾陆小曼，翁瑞午郑重地承诺了。想不到这次托付竟成他俩之间的永诀。

当陆小曼得知徐志摩遇难的消息时，悲痛地当场晕倒，再醒过来，已成了一个“失去灵魂的木头人”。这一年，陆小曼不过 29 岁，却成为了无依无靠的寡妇。

她在给亡夫的挽联中写道：“多少前尘成噩梦，五载哀欢，匆匆永诀，天道复奚论？欲死未能因母老。万千别恨向谁言？一身愁病，渺渺离魂，人间应不久，遣文编就合君心。”

从此，陆小曼洗净铅华，谢绝游宴，素服终生，只潜心汇编徐志摩的全集，两年多时间独立完成了八卷本的汇编工作，终于可以告慰徐志摩的在天之灵了。

徽因是志摩一生中真正喜欢的女人。这一点，陆小曼在他生前一直无法释怀。陆小曼曾直告徐志摩：“你跟任何女人的任何交往都不必瞒我，我无所谓，绝不干扰。唯独林徽因，你绝不可跟她再有接触。只要让我知道你跟她还有来往，我绝不答应。老实讲，我是要吃醋的。”

“那次飞机失事，其时志摩在山东教书，经常返回上海，那一次就是因为既要北赴林徽因之约，又要瞒住我，所以偷偷搭乘那班全无载客设施的邮运飞机，主要是打算见缝插针绕道一趟，然后转返上海，结果就出事了。他若不是为了要瞒住我去私会林徽因，就不致于搭乘这趟飞机而送命了。我不怪林徽因魅力之大，也不怪志摩对她倾倒之痴。志摩死后，我早已失去了醋意，只是怀着深深的忏悔，永恒不断。"

徐志摩和陆小曼的爱情，起先爱成了一团烈焰，其后烈火燃成了灰烬，但无论如何，爱过，便已然足够。

"悄悄的我走了，正如我悄悄的来；我挥一挥衣袖，不带走一片云彩"。年仅36岁的诗人悄悄地走了，陆小曼在四明村的家里，睹物伤情，万千别恨。

如果没有遇见他，我将会怎么样？平淡的日子日复一日，激情或许永远无法喷发。

徐志摩在世时，翁瑞午就与陆小曼关系很好。徐志摩对二人的关系处之泰然。当时，由于陆小曼的奢侈，不仅用于自身的花销很大，家里还养着佣人、厨师、车夫共十几个家仆，这些靠徐志摩一个人的收入，根本难以维持门面和排场。作为二人的朋友，翁瑞午对他们时有资助，有时甚至不惜变卖家藏的字画。徐志摩第二次赴欧洲之前，翁瑞午就送他一批古董，让他到那里去出售。

徐志摩乘坐的飞机在山东白马山失事后，翁瑞午闻讯星夜兼程，赶到空难现场，为他收尸。

徐志摩何幸，除了翁瑞午，梁思成和沈从文也赶到济南去料理他的后事，梁思成还亲自捡了一块志摩坠机的残骸带回北京，林徽因一直摆在案头直到她病逝，数年后她还继续发表给徐志摩的诗，梁思成都是理解并默许的。

从此，翁瑞午几乎是全盘照料起陆小曼的生活。翁瑞午家有贤妻陈明榴和五个子女，在养家的同时，还要供养开销甚大的陆小曼，并花钱让她向贺天健学山水画，因此经济负担很重。1953年，翁瑞午的发妻逝世，陆小曼开始和他正式同居，她把自己糟蹋得不像样子，满口牙齿全部脱落，却不肯去镶一颗。但失去了风华的小老太婆，还是翁瑞午眼中的宝贝。哪怕她发发脾气，翁瑞午也对她始终和颜悦色，极尽关怀之能事。他们和睦相守了几十年，直到他1960年病逝为止。

陆小曼依赖翁瑞午过活，却始终不肯嫁给瑞午。也许，她对翁瑞午只有感情而无爱意，认定这一辈子，徐志摩是她唯一的爱人。

1965年 5月，她在临终之际一再表示，愿立一碑于志摩墓侧。此情绵绵至死不绝。但是，这个要求被徐志摩和张幼仪唯一的儿子徐积锴拒绝了。她葬在苏州东山的华侨公墓，墓地简陋窄小，和她生前的铺张反差得让人无语。

| 爱情絮语 |

徐志摩的爱情结局可以说是那句唱词，“爱到翻天覆地也会有结果”，而一切的果都是有因的，在婚前没有长远的考虑两个人的个性做派，婚后必有近忧。如果婚姻学校的学费要用无价的生命来付出，未免太过昂贵了。

◎柒◎ 凄美丽人

阮玲玉——别在男人衣襟上的鲜花

◎ 所托终非人　男人大过天（上海）◎

【阮铃玉故居】

上海新闸路 1124 弄沁园邨 9 号，阮玲玉故居

上个世纪三十年代一颗闪亮耀眼的流星，曾在漆黑的夜空中留下一道不灭的亮丽弧线。她就是阮玲玉。

岁月流转，人世沧桑。但她如水的双眸，恬淡的脸庞，一颦一笑都成为默片时代永恒的经典。那份美丽穿越时空而来，震撼着我们。

阮玲玉祖籍广东香山，其祖居遗址在如今的中山市南朗镇左步村，距孙中山故居所在的翠亨村不远。阮玲玉出生在上海，短暂一生也在上海度过。

上海新闸路1124弄的沁园邨，有56栋砖混结构楼房，占地面积0.7公顷，1932年竣工，是当年上海滩的高档住宅。

阮玲玉于建成后次年搬入，在这里住了两年，她的代表作《神女》就是在这段时间完成的。1934年，她曾受当时《良友》杂志之邀在家门口拍摄了封面照。

这里见证了她的走红，见证了她的情事，也见证了她人生最后一段心历路程。

如今的沁园邨是民宅，仍维持当年旧貌，门口有块牌子专门介绍阮玲玉故居，另有一块牌子介绍曾在此住过的其他名人，如影坛姐妹花梁赛珍、梁赛珠，还有画家厉国香和张德怡等。一幢幢三层独栋小楼房规则排列，房前绿树成荫，雅致清幽。砖结构外墙，土黄色为主，有红褐色砖间中搭配。

1124弄9号，因为阮玲玉而变得不同。当年的茶叶大王唐季珊用10根金条买下了这幢小洋房送给阮玲玉，一楼是阮玲玉接待朋友和客人的客厅，二楼则是她的卧室。三楼是阮母卧室。1935年3月7日夜，阮玲玉在此含恨自杀。

一盏风情，人面玲珑嫣几缕

最时髦的发型，最精致的妆容，也掩藏不住阮玲玉脸上淡淡的忧伤

当时的上海是中国电影业的摇篮，云集着大批明星和才子，呈现出一片欣欣向荣的繁华景象。

未踏足电影圈之前，阮玲玉还叫玉英，母亲在张达民家里做佣人。后来，佣人的女儿和少爷相爱了，结果自然遭到了少爷家人的强烈反对，但二人还是突破重重阻碍走到一起了。都说人生如戏，戏如人生，阮玲玉的故事从一开始就注定了一个戏剧性的开头，而这种情节也贯穿了她的一生。

张家有四个儿子，张达民排行老四，老大张慧冲，老二张晴浦，老三张惠民。老大从日本回国开办了自己的电影公司。张达民娇生惯养着长大，他面容白净，下巴微微翘起，读的是国文系，颇有儒雅之气。

张达民在圈子里遇到的女孩都是世俗、肤浅的“富二代”，所以，当18岁的张达民见到15岁的玉英的时候，就好像春游的时候发现了一朵清新可人的百合花。此后，他经常找机会接近玉英，见面之后总是对她嘘寒问暖，关心备至，听到她说喜欢到公园散步时，便假装在那里偶遇到她，让她觉得他们很投缘。当他得知玉英喜欢舞蹈家邓肯时，他又跑了很多书店去买来邓肯的书送给她。那会儿家里正在为他操办他和表姐的婚事，他急于摆脱这种被家长左右命运的生活，不顾一切地要和玉英结婚，甚至不惜和反对此事的父母闹翻，不断从家里出走以抗议，他愿意放弃优渥的少爷生活，随便在外面打工也好。

张达民的母亲为此大发雷霆，大骂玉英下贱，勾引她的儿子，并大喊着让她们卷铺盖卷滚蛋。张达民只好瞒着家里，将玉英和母亲安置在北四川路鸿庆坊的一处宅子中，同居的前几个月，两人关系甚好，经常一道看电影，逛公园，形影不离。

这时候，张达民的父亲病逝了。张太太抓住时机清理门户。她分遗产时将所有没有明媒正娶的偏房小妾连同她们的子女全都赶出了张家，不予承认。对于自己的子女，遗产也根据是否有家室来分配。依照民俗，死者的子女若在其生前未能成婚，只要领意中人前来吊孝，便可在灵堂上成亲。所以张达民认为这是让玉英进门的好机会，而且如此一来他在张家也算有家室的人可以多分点财产。然而，当玉英披麻戴孝前来为张家老爷子守灵的时候，张太太对玉英破口大骂，让玉英当众受辱，最后伤心离去。

一对弯月似的眼睛，满眼多情的笑容，阿阮也曾有过快乐的时光

张达民的大哥是中国电影史上早期的创始人之一。他觉得自己的弟弟这样下去连生存都

成了问题，所以他就对玉英说：你想不想当演员。还鼓励她说考不上也没关系，试试也好。本来就对当演员有些动心的玉英，想到丈夫游手好闲，如果当了演员就可以贴补家用时，就很痛快地答应了。

于是，在 1926 年的一个春光明媚的日子里，玉英在张慧冲和母亲的陪同下，参加了默片《挂名的夫妻》的女主角应试。

面试的时候，玉英清新脱俗的气质和表演天赋当即征服了在场的人，一会儿，她嫣然一笑，弯弯的眼睛妩媚动人，一会儿泪眼朦胧，梨花带雨。见过很多优秀演员的大导演卜万苍都被她的魅力征服了，他兴奋地当即录用了她。就这样，她的人生开始了一个新的篇章，从此改名阮玲玉。

阮玲玉待人接物极有涵养，对人也和蔼可亲，从不摆明星架子，对卜万苍在艺术上极为敬重，始终事以师礼，对卜之指点，无不唯命是从。后来，当她成为万众瞩目的大明星时，依然不改本色，联华公司主动提出给她加薪，被她拒绝了，因为她敬重卜导演，认为薪水高于卜导演便会心中有愧。

阮玲玉在工作方面极为敬业，为了演好戏，她几乎每接到一个角色时都会把自己关在家里，专心揣摩角色的心理、语言、动作和眼神，一会笑，一会哭，像个疯子一样。为了找对人物的感觉，她在书店办了借书卡，读了许多小说，探索各种女性的精神世界，因而她塑造角色的能力不断提高。

作为 30 年代美女的典范，我们能够从旧照片中看到阮玲玉最具标志性的柳叶细眉，搭配旗袍装及最经典的波浪卷发。

阮玲玉对画眉十分认真，当年人们盛传她在北平要画一个小时，在哈尔滨要画两个小时，而且多以入鬓细眉示人。

另外，阮玲玉的形体非常好，穿起旗袍非常有气质，被称为“旗袍美女”。

穿越岁月的沉淀，阮玲玉那袅娜的身姿和颓废的华丽一点点侵入我们的心。

阮玲玉是中国默片时代最具票房号召力的演员，她的表演被认为代表了早期中国演员的演技最高水平。阮玲玉是真正为无声电影而生的人，虽然她没有在银幕上说过一句话，可作为“默片时代”的女王，她的风情万种简直让人窒息。

无言对影人长立，独秀明开傲群芳

阮玲玉在拍摄她的第一部影片《挂名的夫妻》时，初露锋芒，影片公映后广受好评。此后，在明星影片公司的两年时间里，她又拍了 4 部影片，但都因为格调不高，才华难以显露。为了适应日渐低迷的市场，明星公司决定拍受小市民阶层欢迎的神怪武侠片，但她不喜欢演武侠片，从而决定离开明星影片公司，加入大中华百合影片公司，第二年又转入了刚刚合并成立的联华影业公司。从此真正走向了思想上、艺术上的新路程，向默片表演艺术的顶峰不断攀登。

阮玲玉主演了“联华”的第一部影片《故都春梦》，在这部戏中她成功地饰演了妓女燕燕一角。同年她又担任了《野草闲花》的女主角，这部影片使她一举成名。这个楚楚动人的女子凭着她的美貌和演技红遍了整个中国，成为最有票房号召力的演员。

她16岁投身影坛，在短短的9年中拍摄了29部影片

“联华”的众多著名导演，孙瑜、卜万苍、蔡楚生等都在阮玲玉艺术的成长上提供了许多至关重要的帮助，与此同时，阮玲玉的艺术才能及她在影坛的成功也为这些名导演拍摄的作品增色不少。

那忧郁的美，饱满的热情，娴熟的技巧，朴实独特的表现风格共同组成的夺目光辉，使她达到了中国无声电影时期表演艺术的最高水平，赢得几代观众由衷的倾慕。尤其是在电影《神女》中，她以精湛的演技，把一个品格崇高的母亲与一个地位卑微的妓女奇迹般地融合为一体，出神入化，令人心灵为之震动。直至近年，《神女》在国外展映，仍闪耀着不朽的艺术光彩。

阮玲玉表演艺术的成熟时期和黄金时期是1932—1935年。在阮玲玉九年短暂的演艺生涯中曾在二十九部电影中担纲演出，大都担任女主角。难能可贵的是，这些影片多数为中国影坛史上默片时期的绝佳代表作，如《故都春梦》，《桃花泣血记》，《恋爱与义务》，《神女》，《新女性》等等。在这些影片中，阮玲玉精湛纯熟的演技塑造了二十世纪初中国妇女的各种形象，丝毫没有雕凿的痕迹，于是，中国“葛丽泰·嘉宝”的美誉不胫而走。

阮玲玉以她朴实、细腻和传神的表演，征服了无数观众的心灵。她从一个纯粹本色的演员逐渐成为一名演技高超的悲剧明星，从而确立了她在电影史上不可替代的地位。

娴影孤灯后，烟尽香凝灯渐弱

阮玲玉的事业在逐步上升，张达民却像扶不起来的烂泥，在一天天沉沦。

张达民是纨绔子弟，身上有不少的坏毛病，多少次阮玲玉求他不要去赌了，他都信誓旦旦地答应了，但一转身还是踏进赌场，半夜归来神情恍惚地只会说“给我点钱急用”。当然，他也是有苦衷的，走出张公馆大门，他陡然间从一个家财万贯的富家少爷沦落为一个低微的小场记，于是他选择了在赌场麻醉自己。同时他也希望通过赌博证明自己，他总是幻想有一天自己会赢，会有能力养家，找回一个男人的尊严。

就在这个时候，阮玲玉遇到了生命中的煞星唐季珊。

唐季珊是一个比较富有的茶叶商人，同时也是联华公司的一个大股东。见到阮玲玉，他不由惊为天人，尽管当时女明星张织云已经是他的情人，不过，他对于女人的欲望是无止境的，他决心把阮玲玉这朵花采到手。他知道阮玲玉喜欢跳舞，就总是请她去最豪华的场合跳舞。阮玲玉拍影片的时候，他就在一边看着、等着，阮玲玉收工时，他就陪她去饭店吃饭，再陪她逛街买东西。

唐季珊非常懂得女人的心理，非常会哄女人开心。他对阮玲玉说张织云骗了他的感情，他也是一个在感情中受伤的人，非常想找一个美丽贤惠的女人，好好地过日子。单纯的阮玲玉轻信了这些花言巧语。与张达民相比，唐季珊是一个事业有成的人，他有着成熟男人的那种稳重，举止温文尔雅。

就这样，在唐季珊的爱情攻势下，她在心里慢慢接受了他。

1933 年，在唐季珊的一再诱导下，阮玲玉带着母亲和女儿小玉搬出了原来居住的海格路大胜胡同 127 弄 22 号，在 147 弄 21 号另租下一套房子，开始了与唐季珊的同居生活。唐季珊为新居办置了上好的红木家具，特制了沙发、床、椅，选购了她心爱的项链首饰等物。

从外地回到上海的张达民看到与自己同居了 8 年的阮玲玉居然和另外一个男人住在了一起，并且这个男人比他更有钱，比他更有实力，他气急了，但也无可奈何，他想，我来敲点竹杠，要不就亏大了，我和你私奔失去了一切，现在我陪了夫人折了兵，他开口就要五千块。

当时的阮玲玉想息事宁人，但唐季珊很不高兴地说：你这样给下去的话，是没完的，他是一个无赖。阮玲玉就狠了狠心："好，我一分钱都不给。"张达民没有想到，一向软弱的阮玲玉居然可以这么绝决，那你无情别怪我无义，张达民就到法院起诉，说阮玲玉当时住在他们家的时候，偷走了他们家的东西，然后把这些东西全部送给了唐季珊。

唐季珊为了自己的名誉，反诉张达民对他是名誉诬陷。他还要阮玲玉出面在报纸上登一篇启事，说他俩在经济上是独立的。阮玲玉也就听话地发了启事，来证明唐季珊的清白。毕竟，她现在要依靠的男人是唐季珊。一时间，这桩桃色事件成为大报小报津津乐道的话题，阮玲玉的名声受到很大影响。那些报纸上的用词极尽侮辱之能事。一向要面子的阮玲玉本来就承受不住这样的重压，又发现了唐季珊在外面沾花惹草，对她日渐冷淡甚至举手就打，她的内心完全崩溃。

不过，因为工作的关系，她和蔡楚生导演有着许多共同语言，两人又是同乡，帅哥靓女很容易擦出感情火花，她借着演戏的机会，暗示他可否接受她。蔡楚生不愿意夹在她已经复杂无比的情事里面，沉默不语。

她明白了。这个男人也不要她。

她却没有想，换哪个男人不是这么想的呢。

这位正处演技巅峰的女星，在1935年3月8日深夜两点，在上海新闸路沁园村的住宅仰药自杀，一代红颜香消玉陨，而这一天正是“三八”妇女节。

阮玲玉自杀的当晚，张达民还在舞场跳舞。一位朋友将阮玲玉的死讯告诉了他，他来到万国殡仪馆，纵身伏在阮玲玉的尸体上号啕大哭，纵然几年来与她一直恩怨未断，但她毕竟是15岁便委身于自己的那个人。不过，张达民同时又想到，报纸上将阮玲玉自杀的消息一登，自己必定被万人唾骂。为了尽早开脱，他必须争取主动，让人们相信他还是爱着阮玲玉的，唐季珊才是罪魁祸首。

于是，张达民马上找到几个相熟的记者，对他们说：“余刻下所受之刺激及精神之痛苦，实甚于死者百倍。方寸间，乱不堪言，实无精神，能与君作长谈，唯一言以蔽之，愧自己缺乏金钱，以及交友不慎，以致美满家庭，有如今日之结局。”3月10日他还告诉来访记者，自己已三赴殡仪馆哀悼阮玲玉，还说自己曾恳求兄长资助，想以“张夫人”名义安葬阮玲玉，但遭到了家人的反对，故未能这样做。

阮玲玉的死讯和遗书发表后，张达民果然受到多方指责。他对记者揭露遗书的字迹不像本人所写，要求追究真凶。张达民没敢参加3月14日的葬礼，数日后才到墓前献上了一束花。

与张达民一样，唐季珊在阮玲玉死后，推脱罪责的想法同样超过“丧妻之痛”。当他发现阮玲玉服毒后，舍近求远，不将阮送到离家很近的广仁医院，却送往四川路日本人开设的福民医院，因此院夜间不留医生，又送到蒲石路中西疗养院。如此辗转，结果耽误了有效抢救时机。

在入殓仪式上，唐季珊大谈他与阮玲玉的“真正爱情”，大骂张达民的诉讼“害死阮玲玉”。似乎阮玲玉的死与他毫无关系。但舆论却对唐季珊多有谴责，他向记者表白道：“余为丈夫，不能预为防范，自然难辞其责。余对玲玉之死，可谓万念俱灰。今生今世，余再不娶妻，愿为鳏夫至死……”可是不久他还是娶了一位新夫人，之后又泡上一个酒吧女郎。

1935 年 3 月 17 日，在阮玲玉逝世 9 天后，张达民控告阮玲玉和唐季珊一案仍按原计划开庭。张达民在法庭上继续说他和阮玲玉多么相爱，并拿出一张合影来证明他和阮的“夫妻关系”。唐季珊则胸有成竹，称他和阮玲玉同居之时，阮早已与张脱离了关系，并出示了他们签署的脱离同居关系的约据。3 月 22 日法庭判决张达民的诉讼理由不能成立，宣布唐季珊无罪。唐季珊后来在经营上遭到惨败，被迫卖掉了别墅，自己捧着茶叶沿街叫卖，最终潦倒而死。

不过唐季珊遵循死者遗言，赡养了阮玲玉的母亲。阮母 1962 年病逝于上海。阮玲玉的养女囡囡后改名为唐珍丽，也由唐季珊抚养到中学毕业，后来随丈夫赴泰国定居。

｜爱情絮语｜

总是遇人不淑，也需要检讨一下自己。但无论如何，都不值得我们付出宝贵的生命。所谓亲者痛，仇者快。死并不是解脱的方式，而是懦夫的遁逃。本来人生长不过百年，又何必再去缩减它的进程呢。如果需要用消失来惩罚对方，不如远离。

◎ 哀荣盛一时　艳骨何处去（上海）◎

【阮玲玉墓地】

上海福寿园“钟灵苑”

哀荣极备，鸟倦蝶慵花若颤

一代影星阮玲玉吊唁现场

阮玲玉自杀的噩耗传开，举国为之震惊！阮玲玉生前名闻天下，死后的哀荣也是极一时之盛。此后的三日内，前往万国殡仪馆瞻仰其遗容的人达十多万，把殡仪馆所在地胶州路挤得水泄不通。

青春韶华，如昙花凄美一现，匆匆凋谢，让人扼腕叹息。一个弱女子，无力承载这生命之痛，她选择了永远的逃避。

3 月 14 日，阮玲玉的葬礼在胶州路万国殡仪馆举行。灵堂里摆满了花圈和挽联，阮玲玉身穿蜜色绣花旗袍，躺在百花丛中，脸上似乎还留有泪痕。阮玲玉生前的好友差不多都到齐了，将近 300 人。有的影迷专程从南京、杭州赶来致祭。

下午 1 时 10 分，由金焰、孙瑜、费穆、郑君里、蔡楚生等 12 位电影界明星大腕，将灵柩抬上灵车，从万国殡仪馆移往闸北的联义山庄墓地，他们“含泪将一个美丽的灵魂托举到天堂之上，空中的白云宛如天使的翅膀，远远地踏着春风来迎接她”。

灵车所经之处，万人空巷，长长的马路被挤得水泄不通，沿途自发前来送别者多达 30 万人。送葬队伍行进缓慢，从殡仪馆到联义山庄墓地 10 公里，足足走了 3 个小时还没到一半路程，只好中途叫来汽车，让灵柩直接开到墓地。

就在阮玲玉香消玉殒后，有不少喜爱她的影迷竟“以身殉爱”，追随她而去。上海戏剧电影研究所的项福珍旋即吞下鸦片，绍兴的夏陈氏当天吞下毒药。单是3月8日这一天，上海就有5名少女与阮玲玉结伴西行。她们留下遗言说：“阮玲玉死了，我们活着还有什么意思？”

美国纽约的报纸称，“这是世界最伟大的哀礼”。洛杉矶的报纸也报道说：“悲壮热烈之情形，在中国当属空前。”4月1日，《联华画报》出版了“阮玲玉纪念专号”，内容详尽，共4万字，画报中有一则挽联：“殉于妇女节，殉于所谓人言可畏，一死刚强，竟以尸谏”。病中的鲁迅也化名赵令仪，发表了《论“人言可畏”》一文。

那首今人为阮玲玉而写的《葬心》，词曲都如此熨贴切合，催人泪下。

蝴蝶儿飞去 心亦不在
凄清长夜谁来 拭泪满腮
是贪点儿依赖 贪一点儿爱
旧缘该了难了 换满心哀
怎受的住 这头猜 那边怪
人言汇成愁海 辛酸难捱
天给的苦 给的灾 都不怪
千不该 万不该 芳华怕孤单
林花儿谢了 连心也埋

他日春燕归来 身何在

性格决定命运，此言非虚。以阮玲玉当时的走红程度和高额片酬，她的经济独立绝对是不成问题的，心理上的依赖才是她最大的问题。其实阮玲玉就是贪着一点爱，贪着一点依赖，她美丽的头颅，总要靠在一个男人的肩膀上，才觉得安全。她还没有能力像一些民国新女性如吕碧城和黄逸梵那样做到精神上的独立,这是她悲剧的最大根源。 她并非死于人言似海，而是死于她自身的软弱。

从童年时就失去父亲的这个阴影，让阮玲玉把这个依赖看得过于强大。阮玲玉的非职业女性思想，恐怕和她的家庭出身以及所受教育有限有关。以她当时的自身实力和社会地位，她完全可以自信而美丽地活着。记得从小，做保姆的母亲总是对她说，你出去不要说自己是保姆的女儿啊，让她小小的心灵深深地烙下了自卑的烙印。像朵野花一样灿烂无边不靠男人而活，超出了她的思维界限。

职业女性的好处本来就体现在，当爱她的男人离去时，她仍然有能力过下去。把幸福寄托到别人身上总是要失望的,最忠实的依靠,永远是自己。难道对于阿阮来说，人生路真的没得选了么，电影演到她这个地步，已经有了不错的经济收入，不依靠这两个男人，乃至第三个男人，一样有饭吃，有戏演，一样可以抚养年迈老母和幼女。

前任男友是个无赖，现任男友是个魔鬼，其实，这些并不是没有办法解决。对于前夫，可以利用法律来解决；对于这个花心的现任，离开他是最好的选择。反正他已经不再值得自己去爱，又有什么放不下的呢？可是，阮玲玉没有想这些，她想到的是最绝望也是最偏激的一面。完美又极端的思维，加之没有知心闺蜜好友的开导，结果便导致了悲剧的发生，这一点和1985年的翁美玲何曾相似。时隔50年，女人的那点遇人不淑的怨愤都一样。

去了结一段龌龊不堪的感情，对于柔弱的女人来说，或许真的很难，但是只要趟过这片沼泽，就能迎来艳阳天，回首时发现，男人很多，那一个还没有资格成为自己的天！

意恐他年桑梓路，陌上相逢，花似人非故

1935年年底，阮玲玉的粉丝沿着上海西宝山路进发，到“联义山庄”瞻仰阮玲玉墓碑，所见着的墓地墓草凄凄，简陋破败，四周围着破烂的铁丝，让人揪心。后来的“十年浩劫”中，阮玲玉的墓和其他墓一起遭毁，棺木被哄抢、尸骨被抛弃、陪葬品被当场买卖，就连蔡楚生书写的“一代艺人阮玲玉”的汉白玉墓碑，也被农家当作猪圈垫石，后来也不知所终。芳魂飘泊无归宿，令无数影迷垂泪叹息。1997年底，《新民晚报》先后发表“阮玲玉墓今何在？”的连续报道寻找她的尸骨，尽管不少人提供了线索，但还是没有结果。次年3月8日，阮玲玉逝世63周年祭日，阮玲玉的衣冠冢和“神女陨落”纪念像在上海的青浦福寿园“钟灵苑”落成，这里还有

很多她的好朋友，金焰、刘琼、上官云珠等同时代的明星。阮玲玉安祥地斜卧在玉石雕刻的电影胶片上，周围是丑陋的“七嘴八舌”浮雕。在这个电影之家里，恋家的阮玲玉会得到安慰吗？一位天才的明星，在黑暗中陨落。但是，她妩媚中透着清纯的俏丽模样已永远地定格在人们的心中，她再也不会老去了，她拥有的是永不凋谢的美丽。

联华电影公司总经理黎明伟这样回忆阮玲玉的最后一天：

“3 月 7 日的晚上，我在舍间设宴招待一位美籍技师和几位香港来的同事，与宴者一共两桌人。阮女士请假那天，我曾口头邀请了她，那晚她到得特别早，谁也想不到这竟是她最后一次的宴会。筵席虽然十分简单，宾主尚能尽欢，阮女士始终坐在席上，谈笑风生。在席散之后，她临别吻了我的内人和铿（黎铿，黎民伟四子，当年著名的童星）、锡两儿，特别是阿钖，她伏在小床上连吻了两次，出门之后，又回进房来吻了一次。这在她平时也是如此，那时我们以为是她太高兴了，谁也看不出半点异状。哪知过了八个小时，竟得到她服毒的噩耗。”

阮玲玉当晚离开黎宅之后，又到扬子江饭店与唐季珊等人一起跳舞。他们回到新闸路沁园村 9 号家里时，已是 3 月 8 日凌晨 1 点。他们是一路争吵着回到家的。到家时，阮玲玉吩咐女佣给她准备一些点心，一边上楼进了卧室。她对唐季珊说：“很晚了，你先睡，我记好零用账就来睡。”既然她那么恨打她的男人，恨到自己要去寻死的地步，可是还是如此镇定平静地和他说话，在男人面前，她就不能更泼辣点吗，她只把苦闷藏在心里，她默默地，把三瓶安眠药都吞了。

两小时后，奄奄一息的阮玲玉被唐季珊发现，但他为了面子，不愿将其送入较近的大医院，而是舍近求远辗转两个小医院，耽搁数十小时后已经无力回天。为了掩人耳目，他先拿出了一份字迹潦草的“告社会书”，文中对阮玲玉前一同居男人张达民的无理纠缠进行指责，最后连写两遍“人言可畏”。在阮玲玉大殓之后他又公布了第二份“遗书”，称“我很对不起你，令你为我受罪”“我死后有灵，将永远保护你”。从此，所谓“人言可畏”的阮玲玉“遗言”，一直流传至今。

《思明商学报》是一张内部发行的机关小报，仅发行1500份，1935年4月26日的《思明商学报》上登载了阮玲玉的两封真实遗书，直到2001年才被发现，从而使这一历史疑案终于得到澄清。

达民：

我已被你迫死的，哪个人肯相信呢？你不想想我和你分离后，每月又贴你一百元吗？你真无良心，现在我死了，你大概心满意足啊！人们一定以为我畏罪，其实我何罪可畏，我不过很悔误（悟）不应该做你们两人的争夺品，但是，太迟了！不必哭啊！我不会活了，也不用悔改，因为事情已经到了这种地步。

季珊：没有你迷恋“xx”，没有你那晚打我，今晚又打我，我大约不会这样吧！我死之后，将来一定会有人说你是玩弄女性的恶魔，更加要说我是没有灵魂的女性，但，那时，我不在人世了，你自己去受吧！过去的织云，今日的我，明日是谁，我想你自己知道了就是。我死了，我并不敢恨你，希望你好好待妈妈和小囡囡，还有联华欠我的人工二千零五十元，请作抚养她们的费用，还请你细心看顾她们，因为她们唯有你可以靠了！

没有我，你可以做你喜欢的事了，我很快乐。

玲玉绝笔

这两封遗书不但从心态、口吻和文笔上都跟阮玲玉的心情经历相吻合，而且这张报纸当天在发表阮玲玉遗书的同时，还登载了一篇题为《真相大白唐季珊伪造遗书》的文章，文中披露："阮玲玉自杀当晚，确写遗书二封，但不是唐季珊拿出来的那两封。发表在《联华画报》上的两封遗书，是唐季珊指使梁赛珍的妹妹梁赛珊写的，梁赛珊后为良心所责，说出真情，并将原遗书交出。原遗书极短，文字不甚流畅，而且涂改多处……"

遗书中的"xx"就是梁赛珍，她是舞女也是影星，和两个妹妹梁赛珊、梁赛瑚皆善舞，被称为"梁家三姐妹"。兔子还不吃窝边草呢，唐季珊连家门口的邻居也不放过。她将假遗书交给《联华画报》发表，真遗书并没有交还唐季珊，而是交给了《思明商学报》的记者。然后，姐妹三人人间蒸发，再未出现过。这更增强了此遗书的真实性。

阮玲玉虽然在生命的最后时刻终于发出了愤怒的吼声，但这声音却太过弱小了。其实，不管是张达民、唐季珊的薄情也好，还是名誉官司的沸沸扬扬也好，到头来是她自己逼死了自己。她有倾倒众生的容颜，她有精彩绝伦的演技，她有勤奋的刻苦精神，那么未来之路还怕什么呢，可是，她还是卑微脆弱，以死来逃避，换个思维看问题，悲剧就不会发生。

西方有的女明星，结婚 9 次之多，管他人言可畏，不合适就离。也不拒绝新的幸福，看走眼了没关系，大不了一拍两散。人生东方不亮西方亮，总有活路，总不至于死。说来说去，阿阮把爱情，不，更准确地说，连真爱都不是的男欢女爱看得太重，重到要超过自己的事业和生命的地步。

她把男人看得太重了。

如果她能自嘲地说，不经历人渣，怎么会长大，坏男人是女人的好学校，那该有多好！

| 爱情絮语 |

好死不如赖活着。劝那些想用死亡来彰显自己清白的人，趁早都打消这个念头吧。对于自己的爱人就更不必了，假若他是一时糊涂，你需要给他一个机会；假如他愚蠢透顶，你这样做，不是比他更加愚蠢吗。女人最可悲的，不是年华老去，而是迷失自我。众叛亲离怕什么，一个有灵魂的女人，自信可以扳回棋局。

◎ 捌 ◎

文坛天使

萧红——情缘好似糖葫芦串

◎ 与君同行时　红颜伴铁军（上海）◎

【萧红在上海的一处居所】

1935年初，萧红和萧军搬到今天襄阳南路351号的这栋小楼居住

散落在上海的许多名人爱巢里，萧红萧军的也许是最简陋的一座。

20 世纪 30 年代，在法租界一条叫作“慎成里”的典型旧式上海里弄旁，即襄阳南路 351 号，矗立着一栋带有西式阳台的小楼。小楼的门洞和窗沿的装饰很考究，带着雕花的纹饰，沿着拥挤的木质楼梯而上，不到 20 平方的狭窄空间里，曾经挤满一对年轻人的身影，他们就是萧红和萧军。

萧红在此期间最主要的创作是由 41 篇文章组成的系列散文《商市街》，以写实的手法记录他俩在哈尔滨时所住街道“商市街”上当时饥寒交迫的生活，文字饱满，细节惊人，具有不可抵挡的感染力。有了稿费，他们的生活开始有所改善。

1935 年 5 月春，鲁迅、许广平带着他们的小海婴，来到萧军和萧红的这个“小窝”做客，闲话家常。在萧红后来的记叙里，她不记得自己那天吃了什么，只记得先生抽烟的姿势和温暖的绍兴口音。她兴奋地向鲁迅索要了亲笔签名。

他们是在 1935 年 3 月底搬来这栋房子的。在这之前发生的故事，是抗婚离家出走、又被情人抛弃的年轻女子身无分文困于旅店，幸得当时在《国际协报》任职的萧军伸出援助之手，才得以逃脱噩梦。

1931 年 10 月，萧红从福昌号屯经阿城逃到哈尔滨。一个月后，在走投无路、万般无奈的情况下，与汪恩甲一起到道外十六道街东兴顺旅馆同居。半年后，萧红临产期将近，因欠下巨额住宿费而无力偿还，汪恩甲弃萧红而去。

萧红困居旅馆，处境艰难，只好写信向哈尔滨《国际协报》副刊编辑裴馨园求助，裴馨园与孟希、舒群等文学青年先后到旅馆看望萧红，裴馨园多次派萧军到旅馆给萧红送书刊，两人日久生情，互相爱慕。这个本名张乃莹的女人随他的姓改了名，唤作萧红。两人结为伴侣，在贫穷和流浪中辗转了大半个中国，最终闯进了上海，也闯进了中国现代文坛。

由北向南，似归雁

1932 年 8 月 7 日夜，松花江决堤，洪水泛滥市区，由于萧红欠旅馆的钱太多，旅馆仍然不让萧红离开。萧军趁夜租了一条小船，用绳子把萧红救下来，萧红得以摆脱困境，到裴馨园家暂住。不久她住进医院分娩，孩子生下后就送了人。出院后，萧红与萧军住进道里新城大街，今道里尚志大街的欧罗巴旅馆，开始共同生活。二人仅靠萧军当家庭教师和借债勉强度日，生活非常困苦，不过寒窑虽破能避风雨，夫妻恩爱比什么都强。

虽然起居简陋、衣食朴素，但只要两个人真心相爱，再苦再难的生活也会充满甜蜜，正如此时的萧红萧军

1932 年 11 月，二人从欧罗巴旅馆搬到道里商市街 25 号，今道里区红霞街 25 号，有了自己的家。

1934 年 6 月，二人逃出伪满政权

下的哈尔滨，暂居在海滨城市青岛。萧军于《青岛晨报》担任副刊编辑的同时写作《八月的乡村》，萧红在家勤奋写作《麦场》，后改名《生死场》。当年9月，《麦场》率先脱稿。在考虑它的出路时，二人心中茫然。

当时青岛有一个“荒岛书店”，负责经营的孙乐文在《青岛晨报》做兼职编辑，算是萧军的同事。一次闲谈中，孙乐文说起去上海办业务时，曾在“内山书店”偶然遇见过鲁迅先生。10月初，萧军大胆地给鲁迅先生写下第一封信，以“青岛广西路新4号荒岛书店”的地址寄往上海。

得到鲁迅回复后不久，他们就把《生死场》的手抄稿以及自费出版的《跋涉》一起寄往内山书店，其中还夹着他们的一张合影。

书稿与照片刚刚寄出，萧军供职的报社就发生了变故。这年秋天，山东境内不少地下党组织均遭重创，青岛的组织系统被破坏得相当严重。而《青岛晨报》和“荒岛书店”都是地下党的外围组织。他们几乎在第一时间就决定要去上海，马上告知鲁迅先生不要再来信。11月1日，他们搭乘驶往上海的日本货轮“大连丸”号，“同咸鱼包粉条杂货一道，席地而坐”，匆匆离开了居住了四个多月的青岛。

搁月共赏，漫天繁星映荷塘

上海徐汇区襄阳南路是萧红、萧军刚到上海时住的地方，这条路原来叫拉都路，两人到上海后搬了几次家，但都没离开拉都路。1935年6月两萧又搬到萨坡塞路，今淡水路190号。1936年春天两人又搬到北四川路里底的“永乐里”。

1934年11月2日，两萧到达上海。他们租住在拉都路北端杂货店二楼的亭子间，今上海襄阳南路283号。租下房子并搬家之后，又买了一袋面粉，一只小泥火炉，一些木炭，平底锅和几副碗筷，盐、醋之类，他们手里的钱就所剩无几了。

不过，有情饮水饱。吃个馒头，就个小菜，也是满心的快乐。吃过以后，去散步是他们最享受的事情，晚风阵阵吹拂在耳边，有围墙里的绿叶从墙头探出身子来和他们握手，萧军拿着三角琴，萧红跟在后面，一路走一路唱，说说笑笑看风景，羡煞旁人。

在某种意义上，这座房子也许可以称为他们的福地。因为从这里开始，文学殿堂的大门开始向他们敞开。在鲁迅的帮助下，萧红的《生死场》与萧军的《八月的乡村》以“奴隶丛书”的名义出版了，从此奠定二人在文坛上举足轻重的地位。后来著名的《商市街》也正是在这座房子里完成的，它成为今日的读者窥探萧红心灵的一道重要窗口。作为抗战文学的奠基作之一，《生死场》的终极价值还远不止于此，它对于生命状态的强烈感慨和对于人的心灵的关注，都超越了当时的时代语境，颇具恒久意义，因而，自问世到如今，久盛不衰。

在萧红的督促和鼓励下，萧军终于修改完了《八月的乡村》。她在没有炉火的亭子间里，披着大衣，流着清鼻涕，时时搓着冷僵的手指，帮助萧军誊写手稿，时隔多年以后，萧军对她仍十分感念。

他们仍在不断给鲁迅先生写信，提很多问题，鲁迅也总是“即复”。

11 月 30 日下午，他们和鲁迅约在内山书店见面，临走的时候，鲁迅先生把 20 元钱借给了他们。回程的车钱也没有，鲁迅又从衣袋里掏出了铜板和银角。12 月 18 日，鲁迅和许广平邀请两萧次日到梁园豫菜馆吃饭，庆祝胡风长子的满月，在座的还有聂绀弩夫妇，茅盾和叶紫；“主宾”胡风夫妇却因为邀请信被耽误而没到场。

1934 年年底，两萧搬到拉都路 411 弄的福显坊 22 号，当年这里是上海的郊区，在屋子里都能看到菜地，而鲁迅先生也在向有关刊物推荐他们的作品了。

1935 年 6 月，两萧又搬至萨坡赛路，今淡水路 190 号，这期间认识了文艺理论家胡风，并有了较密切的往来。胡风后来回忆初次见到的萧红，“我觉得她很坦率真诚，还未脱女学生气，头上扎两条小辫，穿着很朴素，脚上还穿着球鞋呢，没有那时上海滩的姑娘们的那种装腔作势之态。因此虽是初次见面，我们对他们就不讲客套，可以说是一见如故了。”

生活中的伴侣，事业上的伙伴，本是如此登对的一对，但性格上的差异却让两萧之间的矛盾和裂痕越来越大

1936 年的春天，两萧搬到北四川路底的“永乐里”，这样离鲁迅家更近了，他们几乎每天晚饭后都要去大陆新村。鲁迅偏爱北方的面食，这是萧红的强项，因此她常常为他做美味的

葱油饼或水饺。通过鲁迅，他们认识了冯雪峰、鹿地亘、史沫特莱等人。

随着《八月的乡村》和《生死场》的出版和热销，两萧的名字逐渐被上海文坛接受，但比较而言，业内似乎更看好萧红，普遍对她有着更多的期待。鲁迅更认为："萧红是当今中国最有前途的女作家，很可能成为丁玲的后继者，而且她接替丁玲的时间，要比丁玲接替冰心的时间早得多。"

随着作品的不断推出，两萧的经济来了个大翻身，也随之带来了新的烦恼，萧军又爱上了别人，他一直在瞒着她，而她终于知道了，可以想见，这对于敏感脆弱的萧红是多么致命的伤害。但她还是舍不得放弃这个男人的，矛盾之中，她想一个人安静一点，也试图过一阵没有他的日子，她想去日本。一对在患难中挣扎过来的伴侣，似乎已经嗅到了分离的气息。

| 爱情絮语 |

患难之交的爱情很多，同富贵的就少得多，这是因为穷苦潦倒的时候，双方的脾气都是有所收敛的。是人都不完美，人性的弱点遭遇爱情的时候，有时候会让爱情无地自容。越是爱得深的人，越是精神洁癖，不能忍受爱人的一点情感瑕疵。

◎ 男人似枝条　不堪栖我身（上海）◎

【萧红上海最后一个居处】

两人在上海居无定所，手头拮据，频繁搬家，两人在上海的最后一处居所是重庆南路256弄内的一栋小楼里，此处现已夷为平地

萧红在上海的最后一个居所，位于上海市重庆南路256弄内的一栋小楼，现也已经被拆掉了，至此，萧红在上海的几个居所大都无迹可寻。没有了片瓦碎砖，但如果捧读她的文字，依然可以感受到那份漂泊人生的苍凉与孤独。

萧红生前走过10个城市，辗转哈尔滨、北京、青岛、上海、东京、武汉、临汾、西安、重庆、香港等地，令人心酸的是，这是一条无可奈何的逃亡线路，一路走来，备尝艰辛。 她走了大半个中国，有不少故居。而上海是她人生的转折点，她在这里也住的时间最长。

1937年1月9日，萧红从东京转道横滨，搭乘日本邮轮“秩父丸”号回国。1月13日，她登陆上海汇山码头。回到上海后，两萧住在吕班路，今重庆南路256弄一家由俄国人经营的家庭公寓，这里是他们在上海的最后一个居处。

指尖泼墨残花，月影斑斓里放歌

回到上海后，许多刊物都向萧红约稿，社会活动也多了起来，生活一时间丰富充实。但是在感情上，两萧的关系并没有根本改善，争吵在所难免，有时甚至会很激烈，为了化解心中的苦闷，她再一次选择了冷处理。1937年4月23日夜，萧红踏上北去的列车。离别期间，她还是和萧军书信往来，毕竟，相互的牵挂与关心也都还在，可是婚姻的问题出在什么地方他们却不知道。不知他们是否明白，两个性格不同的人在一起，要彼此屈就都是痛苦的事情。

她在5月中旬返回上海。

1937年8月13日，日军奉命炮轰闸北，进攻上海，酝酿已久的淞沪抗战正式爆发，她写道：“在我的窗外，飞着，飞着，飞去又飞来了的，飞得那么高，好像一分钟那飞机也没离开我的窗口。因为灰色的云层的掠过，真切了，朦胧了，消失了，又出现了，一个来了，一个又来了。”

云烟已过，谁还在?

这里是她一生最重要的驿站，是对她最具意义和价值的城市。在上海期间，为数众多的作品陆续问世，形成了萧红创作的喷发期。萧红有一种独特的小说文体，有人称之为中国现代小说的散文化，也有人高度评价为现代文学中最具生命力的内容，萧红的作品对人性和社会都有深刻的理解，善于捕捉日常生活的细节，使得她的文字有着生动的艺术魅力。同时她的作品主题揭露了国民愚昧无知，有着一定的高度。

《呼兰河传》中，一个花季少女被所谓的规矩和陋俗活生生地折磨致死，种种如跳大神、滚烫的水洗澡等情节读来令人揪心，但无论是婆婆还是邻人，他们并没有恶意，都是“为她着想”。这善良的残忍、残忍的善良，最为可怕和难以救药！作品有着深刻的文化启蒙和文化批判的意义。

“女性的天空是低的，羽翼是稀薄的，而身边的累赘又是笨重的！女性有着过多的自我牺牲精神。这不是勇敢，倒是怯懦，是在长期的无助的牺牲状态中养成的自甘牺牲的惰性。”萧红笔下的女性缺乏自我意识，她们在自然的暴君和男权的暴君双重压迫下，丧失了人的价值，命如草芥，正像《生死场》中写道的：“母亲一向是这样，很爱护女儿，可是当女儿败坏了菜棵，母亲便去爱护菜棵了。农家无论是菜棵，或是一株茅草也要超过人的价值。”

上海时期的萧红，因为有了鲁迅的关爱和支持，经过生活的磨砺和自己的勤奋，已经成为一名成熟的作家。

8月底，胡风召集两萧、曹白、彭柏山、艾青等人具体商议创办一个抗战刊物。在这次聚会上，两萧同时结识了另一位年轻的东北作家端木蕻良。在会上，胡风提议刊物的名称就叫《抗战文艺》，但萧红提议叫《七月》更好。

这期间，萧军常用拳头打她，心碎的萧红一年之中曾三次离家出走。因为无家可归，最后又不得不忍辱回到他的身边。他们的朋友、作家靳以回忆说：有一次，几位朋友看到萧红的眼睛青肿，她掩饰说："我自己不加小心，昨天跌伤了。"而萧军则在一边说："什么跌伤了，别不要脸了！我昨天喝了酒，借点酒气我就打了她一拳，就把她的眼睛打青了。"他说着还挥了挥紧握的拳头。

身体的孱弱和精神的创伤，使她时常情绪抑郁、多愁善感。无处诉说，她便常常到鲁迅先生那里去，向许广平叙说。在这种情况下，也许一个温柔多情的丈夫，更能体贴她，抚慰她受伤的心灵。而萧军是个豪爽的男子汉，不是个善于在细微感情上体察他人的人。时间久了，矛盾多了，就对她的抑郁沉闷表现出厌倦和不耐烦。

多年后萧军依然坚持自己的看法："我爱的是史湘云或尤三姐那样的人，不爱林黛玉、妙玉或薛宝钗……"萧军在性格和为人处世方面，一直是强势的、霸气的，也是简单粗暴的，而萧红恰恰是过于自尊的。萧军认为萧红自尊心过强，甚至"自尊心病态化"。萧军承认，在二人生活中，他从来没有把萧红当作"大人"和"妻子"，总是把她当作孩子，甚至以萧红的保护者和恩人自居。这有伤萧红的自尊。

西方有句话说得好，许多的时候，生活中的困境，并不是巫婆设下的陷阱，而是相爱的人，不知道如何表达爱，相爱而又有差异的人不知道如何生活在一起。虽然二人对彼此的人品和才学是相互欣赏的，但性格的不同却带来结合后日常生活的矛盾和烦恼。萧红的多愁善感、细腻自尊，特别依赖于爱，并非粗犷尚武的萧军所能完全理解的。

在《七月》勉强维持了三期之后，战局吃紧，上海眼看要沦为孤岛，胡风要去武汉继续办《七月》，他邀请两萧等人一同前去。1937年9月28日，萧红、萧军同部分文艺工作者一道撤离上海。10月10日抵达汉口。

萧红于此惜别上海，再也没有回到沪上。当时存放在霞飞坊许广平寓所里的有关物品，包括鲁迅给两萧的五十多封信、少量的衣物、几本影集、几样随身用品、书刊等，都被许广平历尽艰辛保存下来，现存于北京鲁迅博物馆。萧红喜爱并经常带在身边的2个核桃和一对小棒槌，送给了鲁迅的儿子海婴，现存于绍兴鲁迅纪念馆。

爱情对她是如此重要，但她来不及在爱上这个人之前理智地分析是否适合自己，人品究竟如何，文化价值观是否一致，单单凭着眼中看到的一些优点就托付终身，未免有些草率之嫌。她带着对新生活美妙的希冀，两情相悦的期待，嫁了一次又一次，也让她伤了一次又一次。

海上飘萍，相惜何必曾相怨

在家庭生活中，东北男人萧军比较大男子主义，而萧红则忍气吞声，还常受责怪。他们的朋友都很奇怪，像萧红这样一个敢于反抗包办婚姻的烈性女子，为什么对于她所委身的男人，总是那么懦弱，逆来顺受。但是，这种屈从并没能改善他们的关系。萧军的另有所爱彻底冷了萧红的心。她是在屡次遭受别人的感情蹂躏之后，与萧军真心相爱的，因此，绝对无法忍受被萧军背弃这一事实。

萧军与萧红定居武汉后，端木蕻良便成为他们的常客。闲谈中，他不断称赞萧红的作品，博得了她的欢心。他的温柔气质和彬彬之态，都与萧军的暴烈性格形成对照。作为对萧军感情背叛的报复，他们亲近起来。

1938年1月，两萧和端木蕻良等人离开武汉到山西临汾民族大学任教，他们三人都在校担任文艺指导员。由于民大要撤退到乡宁，萧军决定留下，必要时和学生们一起去打游击，萧红则和丁玲、端木、聂绀弩等往南撤退。萧军明白与萧红的关系已无法挽回。在车站送别的时候，他痛惜地对好友聂绀弩说："她单纯、淳厚、倔强、有才能，我爱她……但她不是妻子，尤其不是我的。"开车前，在车厢里的萧红说："萧军，上来吧！一块去西安。"萧军坚持地摇了摇头。萧红望着他的背影，两行热泪滚滚而下。她是在为他们的感情做最后的努力，可是他的心却系在对国家的大爱上。

萧红和端木蕻良随丁玲的西北战地服务团来到西安，端木蕻良抓住机会向她进攻，她不是没有犹豫过，但她空虚的心灵还是被端木填补了。后来，萧军也经延安来到西安。当天，他刚刚下汽车正在洗脸，萧红就过来说："三郎，我们俩分开吧。"萧军只答了一个字："好。"

就这样，两萧之间这一段惊心动魄的爱情仓促落幕，那个为了爱人改名易姓的少女，那个为了给爱人买稿纸而典当毛衣的女人，那个被誉为"三十年代文学洛神"的女作家，经过六年苦恋，终究被爱情抛弃。远在千里之外的上海小屋，还在等待着他们的归来吗，或者它们一直蛰伏在那里，为那些曾经铭心刻骨的情感，记录着历史的证明。

萧军多年后重返上海襄阳南路，留下这样的诗句："梦里依稀忆故巢，'拉都路'（原襄阳南路）上几春霄。双双人影偕来去，蔼蔼停云瞰暮朝。缘结缘分终一幻，说盟说誓了成嘲。闲将白发窥明镜，又是东风曳柳条。"

这是对于那一段相濡以沫的时光的最后致意。誓言都已幻成烟云。

萧军曾在《人与人间——萧军回忆录》中这样说："和萧红是偶然相遇，偶然相知，偶然相结合在一起的'偶然婚姻'。"这话是极其耐人寻味的。于萧红，不能不说是一种悲哀。偶然两字听来总是那么刺耳，多有歧义，也许是因不了解而靠近，因了解而分离吧。

当初萧军英雄救美，因同情而产生的爱情到底有多牢固？感情终究是善变的，他的移情，他的粗暴，终于冷了萧红的心。

1940年，萧红在香港。虽然一再遭遇情感的波折，但从她的甜美笑容里也能看出她对人生充满着的甜蜜与幸福

同年5月，端木蕻良和萧红在武汉结婚。后来，萧红辗转汉口、重庆、江津、香港等地。

1941年12月8日太平洋战争爆发的次日，端木的朋友，东北作家骆宾基把萧红送进了香港思豪大酒店，此后，端木再也没有出现过。在这段婚姻里，她曾甜美地憧憬过，她为他做饭、抄稿子，可是，在日军轰炸下的香港，躺在病床上奄奄一息的萧红竟久久看不见他的影子。她满是伤痛的身心寻觅爱的伊甸园，却始终没找到。以至她痛苦地呼喊：人生到底为什么才有这漫长的夜啊?

为什么遇人不淑的宿命与她紧紧相连，让她终究摆脱不掉? 她爱过的那些男人，没有一个，是珍惜她的。

据说，她和比她小六岁的骆宾基相爱了。爱情似乎接踵而来，但她的母爱却从无人看见。她两度怀着别的男人的孩子嫁给了另外一个男人，生下来后，她看也懒得看，就送给了别人。这是对上一个男人的不屑和报复吗?

1942 年 1 月 18 日，萧红弥留之际在纸上写道："我将与蓝天碧水永处，留得那半部'红楼'给别人写了"，"半生尽遭白眼冷遇……身先死，不甘，不甘"。

1 月 21 日，玛丽医院为日军占领，萧红从病床上被赶走，第二天，她在日军的炮火声中离开了人世，时年 31 岁。

萧瑟韶华，叶落还愿听风声

最后陪伴在萧红身边的骆宾基曾回忆，萧红有一个遗愿，将其骨灰送到上海，葬到鲁迅墓旁。但这愿望终未达成。

有人认为，她爱上了鲁迅，到了最后时刻，她才勇敢地表达了藏在心底的这个秘密。然而，对于一个只有在鲁迅那里得到过真正的欣赏尊重和温柔对待的女子，这样的愿望不一定非要和男女之情相挂钩，她本是一叶飘萍，葬在自己亦师亦友的偶像身旁，又有什么好奇怪的呢。

当然，从逻辑和理论上来说，从敬仰到爱恋，对于一个情感丰富的女子而言，不足为奇。但一切只是猜测罢了，一份情感是否质变，不重要，重要的是在这份情感里是否彼此都得到了快乐。

从一定程度说，鲁迅和萧红是惺惺相惜的。

萧红非常喜欢鲁迅的作品，在中学时代就“特别喜欢看鲁迅的书”，对《野草》中许多篇章和名句都能背诵。作家孙犁说萧红“吸取的一直是鲁门的乳汁”。萧红和鲁迅在某种意义上都是乡土作家，他们笔下都有很多对童年的回忆，都写了很多故乡的人物和文化风俗，这也应该是鲁迅认可萧红的原因之一。在两萧的人生与文学路途上，鲁迅可谓导师和伯乐，鲁迅给了他们巨大的精神慰藉，同时还有实际的帮助。在鲁迅的帮助下，两萧度过了生活的拮据，并迅速进入文坛。感激之情，时刻存于萧红的心里。

得萧红赠《生死场》原稿的舒群晚年曾回忆说：“我看过萧红那份原稿后，十分真切地感受到鲁迅对青年的爱护。那情谊太深厚，那份耐心也是少见的。《生死场》几乎每页都有鲁迅亲笔修改，蝇头小楷，用朱砂圈点，空当处写不下时，就划一道引到额上去添加，就是那一道，都划得笔直，字迹更是工整有体。当时我想，就凭鲁迅为青年改稿的细致耐心，他就是不朽的。”可惜的是，这份宝贵的手稿后来丢失了。

有一个时期，萧红的情绪低落，每天出入鲁迅的寓所，有时候，会很晚才离去。许广平在《追忆萧红》中这样说："萧红先生无法摆脱她的伤感，每每整天地耽搁在我们寓里。为了减轻鲁迅先生整天陪客的辛劳，不得不由我独自和她在客室谈话，因而对鲁迅先生的照料就不能兼顾，往往弄得我不知所措。"

一个女子，如果仅仅因为心情不好而天天跑到别人家里去，似乎有点说不过去。1936 年 7 月 15 日，病中的鲁迅在家设晚宴为萧红饯行，一直在发烧的他，靠在藤椅上，仍是不断地叮嘱毫无出国经验的萧红一些注意事项，谁知，那日竟是他们最后的晚餐。萧红于鲁迅逝世的第二年，也就是 1937 年 1 月回国。在早春一个"半阴的天气"，她去拜谒鲁迅墓地。归来后，萧红写下《拜墓》一诗："……那一刻 / 胸中的肺叶跳跃了起来 / 我哭着你 / 不是哭你 / 而是哭着正义。你的死 / 总觉得是带走了正义 / 虽然正义并不能被人带走。"

| 爱情絮语 |

这一生，萧红爱得最深的男人是萧军。当爱和恨纠缠不清的时候，最难割舍，最难将息，爱下去痛苦，分手后还是痛苦，似乎，自从爱情刻在骨头上的那天起，就注定了万劫不复。若不动心，焉能感受到甜蜜，若是动心，心伤则永不复原。爱，就是拌了蜜的黄连。

◎玖◎ 商海女将

盛爱颐——决不为爱低到尘埃里

◎ 娇矜七公主　未识潜力股（上海）◎

【盛爱颐故居】

上海淮海中路 1517 号，是盛爱颐家的老房子之一，现在是日本驻上海领事馆

上海淮海中路 1517 号，现为日本驻沪总领事馆总领事官邸。这栋花园洋房，在上个世纪三十年代，是盛爱颐家的老房子，属于上海滩顶级的花园豪宅，也是一百年来上海滩保存最好的大花园洋房之一。

梦里繁花仍似锦，梦外落叶却萧萧

盛爱颐生于1900年，江苏常州府武进县人。她是上海最大的资本家盛宣怀的七公主，她也是中国第一个涉足娱乐业的女企业家，时任上海百乐门公司董事长、总经理以及上海交通大学即原南洋公学校董。

盛宣怀原为李鸿章的得力干将，协助李氏办洋务，创设轮船招商局、华盛纺织总厂等官商合办企业，并开办了中国通商银行，是清末洋务运动领袖人物。辛亥革命前夕他任邮传部大臣时，因借外债而将川汉、粤汉铁路抵押出去，民愤很大，清政府不得已而将他撤职。盛宣怀主导的铁路国有政策，引发了保路运动，无意中触翻了辛亥革命的第一块骨牌。辛亥年可以说是盛氏家族的命运转折点，这个鼎盛世族自此家道中落。

盛宣怀，李鸿章手下干将，洋务运动领袖人物之一

民国建立后的1912年，远在日本的盛宣怀表示效忠于袁政府，并愿协助袁讨伐反袁军而得信于袁世凯后，即回到上海，并买下了这座花园洋房。

这座大花园洋房建于1900年，

也就是清光绪二十六年，当时这里叫宝昌路，附近房屋很少，多是农田。此房为一德国商人所建，整幢房子豪华气派，具有典型的德国古典主义建筑风格。建筑面积 1775 平方米，三层楼，砖木结构，分主楼与侧翼，立面左右对称，大门朝南，前有门廊，两面置双柱，入内为大厅，厅旁另有楼梯间，以彩色玻璃为天棚，厅内和楼上卧室等均以柚木装修，墙上贴花绸纸。宽大的花园内有大理石砌成的喷水池、假山等景观。1914 年第一次世界大战爆发，德国商人回国，易主盛宣怀。

1916 年盛宣怀在沪病死，他的第五个儿子盛重颐继承了这幢房子。到 1929 年，国民政府下令，谓盛宣怀任官职时，有侵吞公款之行为，决定没收其遗产，并收回了这套花园洋房。从此该房先后又成了蒋介石的干将安徽省主席陈调元和“北洋之虎”段祺瑞的住宅。1933 年春，段祺瑞带着一家老小几十口人，在国民党军统的精心安排下，乘火车离开了天津，蒋介石亲自到上海火车站迎接。段祺瑞到上海，就住进了原先盛家的这一处大宅院。

清末政治家、企业家和福利事业家盛宣怀

抗战胜利后，盛重颐通过一系列活动，又收回了此房，不久因生意失败，将房子卖给了荣德生家庭，解放后归国家使用。抗战中此房还曾被日本人占用过，并把偌大的花园砍去一半，建造了现在的上海新村。

漫漫流年，任凭沧海桑田世事变迁，老房子淡看无语，只是默默坐守着晨曦昏鸦，朝花夜雾，独属它的历史终不会变。

盛宣怀几乎创办了中国工业的所有第一：第一个钢铁企业、第一个招商局、第一个造船厂、第一个军工企业、第一个重型机器制造局、第一个电信局、第一条国家铁路、第一批轨道交通制造企业、第一批现代化大学（上海交通大学、天津南开大学）等等，可以说现在中国所有重工业的基础和脉络全部出自盛家产业。仿佛遗存父亲的风范，中国人自己创办的第一个娱乐场所，也出自盛家小姐之手。盛爱颐同时也致力于教育事业和慈善事业，她本身就是上海交通大学（南洋公学）校董，她把盛家愚斋藏书楼的十多万卷藏书全部捐献给了上海交通大学和上海圣约翰大学。

盛爱颐从小聪明伶俐、见多识广，是盛宣怀最为宠爱的女儿。长大后，盛爱颐就读上海圣约翰大学，她精通英文，能画善绣，写得一手好字。16岁那年父亲去世时，她已经长成一位亭亭玉立、如花似玉的豪门闺秀了。盛家子女中，当数作为汉冶萍钢铁集团总经理的四少爷盛恩颐和七小姐盛爱颐最有才能和胆魄，他们遗传了盛宣怀的优秀基因。

盛爱颐母亲庄夫人管家理财也有过人的才能。盛家老公馆方圆百多亩地，前门在静安寺路，现南京西路，后门在北京西路，西部到现在的新华电影院，东部达现在的成都路以东。在偌大的盛公馆中，盛家、庄家的人自不待说，仅佣人就有二百七十七个，每个孩子都有一个保姆，每一房都有管事、跟班、账房，每个太太、少奶奶又都有自己的一班随从。在庄夫

端庄秀美、气质高贵的“七公主”

人“来归”前后，盛宣怀因在北京、武汉做事，需要人随时照顾，于是又讨了三位如夫人，即刘夫人、柳夫人和萧夫人。后来刘夫人生下五公子盛重颐、五小姐盛关颐；柳夫人生下六小姐盛静颐、七公子盛升颐；萧夫人生下八小姐盛方颐。而长子盛昌颐也有了孙子盛毓常、孙女盛佩玉、盛毓菊……所以整个老公馆整天车水马龙、冠盖如云，达官贵人、公子小姐蜂来拥去，整个成了一个小社会。盛宣怀在北京、天津、上海、武汉等地来去匆匆，庄夫人就成了公馆的最高领袖。

此情不过烟花醉，流年偷换，可曾有人忆

当时宋子文刚从美国留学回来不久，当上了盛恩颐的英文秘书，因为宋霭龄原先当过盛家五小姐盛关颐的家庭教师，与盛家上下都很熟。在与盛家接触中认识了盛爱颐，盛爱颐的高贵、美貌和才干令宋子文仰慕，宋子文也长得一表人才，举止谈吐儒雅得体，办事雷厉风行从不误事，很快赢得了盛家人的好感。

不料此事却遭到盛爱颐的母亲庄德华的反对，理由是门不当、户不对。庄德华出身江南第一豪门常州庄家，所以根本看不起宋子文的出身，当她知道宋子文是广东人，父亲是教堂的琴师之后，便坚决拒绝了这门婚事。七小姐怎么可以嫁给这样的人家？母亲的反对令宋子文和盛爱颐悲伤不已。

其实，盛母的反对也并不是没有道理，在当时，两人的地位相差确实太悬殊了。盛氏本是江苏的官宦世家，到了盛宣怀这一代，由于兴办实业，更是积累了巨额财产。当时，盛家虽已失去了盛老太爷的支撑，但“瘦死的骆驼比马大”，盛宣怀去世之后，由李鸿章的大儿子李经方主持的盛氏财产清理处，经过两年半的清理，最后登报公示的数字超过1349万银元，实际可分财产1160万银元。其中一半又要作为公益基金，他的五房子孙，每房各得遗产116万两。1920年代中国一块银元相当于2006年的145元人民币。盛家的财富，由此可见一斑。

而当时的宋家只是一个普通的传教士家庭，虽然兄弟姐妹都留过洋，但那时还远没有到发达的时候。宋子文回国的第二年，他的父亲宋嘉树就去世了，留下的家产，仅够维持小康水平。他的大姐宋蔼龄虽已与孔祥熙结婚，然而那时的孔祥熙，也不过是一个留过美的商人而已，远非日后出任国民党财政部长的孔祥熙。宋子文的二姐宋庆龄虽已与国父孙中山结婚，然而没有过上一天安宁日子。讨袁运动之后又是反段护法运动，1920年第二次南下广州后，不久又遇上陈炯明叛乱，始终处在政治斗争的风口浪尖，他们在上海的住房还是海外华侨赠送的……一个家世普通的小小英文秘书想要娶一个家财万贯的富家小姐，这不得不说有些不现实。

民国“财神爷”宋子文

但是，家人的反对并没有即刻拆散这对恋人。1923年2月，平定陈炯明兵变后，孙中山在广州重建革命政权，宋子文由宋庆龄引荐步入政坛。孙中山一封封电报催其南下，宋子文认为这是个人发展的好机会，于是力劝盛爱颐和他一起私奔。

私奔就意味着和家庭决裂，盛爱颐内心十分矛盾。一方面她不想惹母亲伤心，另一方面也舍不得情郎，左思右想，觉得离开这个奢华的大家庭还是不妥，于是，盛爱颐抓了一把价值昂贵的金叶子送给了宋子文，希望日后他革命成功后再来找她。

宋子文很感激也很失望，不过，他也知道自家的门第配不上盛爱颐，于是，只好忍痛与其分别，独自南下。

宋子文此一去便是好几年。孙中山先生先要他筹办中央银行，并让他出任行长，同时他还担任了广州国民政府财政部部长，兼广东省财政厅厅长。1927年北伐胜利之后，宋子文回到上海，那时盛家的老太太庄夫人已经去世，按说当年的主要障碍已经不存在了，他原本可以跟七小姐叙叙旧的。可是当时国民党内部正闹宁汉分裂，宋子文处于一个尴尬的政治夹缝之中，他一会儿倾向于武汉，一会儿又倾向于南京；一会儿觉得二姐宋庆龄有道理，一会儿又觉得大姐宋蔼龄和妹妹宋美龄也有道理。这让他非常苦恼，而且处境一度也很危险。几个月后，他先是去了武汉，最后还是倒向了南京。

这边厢，七小姐看那黄花憔悴，只身孤影，烟云缭绕，遗世成瘾，期盼宋郎一朝得胜还，那边厢，这位宋部长高官厚禄到手之后，就把上海的七小姐抛到脑后了。1930 年当他再次回到上海时，已是使君有妇，带着美貌夫人张乐怡出入公开场合了。

盛爱颐因此大病一场。后来，一直到 32 岁时，她才与庄夫人的内侄庄铸九结婚。

|爱情絮语|

这情节很像老式的戏文，富家小姐和穷书生相爱，老妇人不允，小姐偷偷赠送盘缠，书生考取功名回来，带着美貌的夫人，富家小姐气得吐血。造化弄人，爱情故事里，随缘就好。

◎ 外柔风中柳　内刚坚如铁（上海）◎

【宋子文东平路住宅】

宋子文东平路故居，外表红色，很有个性

宋子文于 1912 年在上海圣约翰大学大学班毕业，后赴美国哈佛大学求学，1915 年获哈佛大学经济学硕士学位。后到哥伦比亚大学听课，攻读经济学博士学位。

1923 年孙中山在广州成立了中华民国军政府陆海军大元帅大本营后，宋子文被任命为大本营秘书，深为孙中山器重。1925 年宋子文作为见证人，在孙中山的遗嘱上签字，被世人瞩目。

东平路，又叫贾尔业爱路。这是一条幽静的小马路，全长只有短短的 400 米。然而在这条短小的马路上，却前后散落着十多栋花园别墅。这里，曾经是蒋介石、宋子文、孔祥熙、席德懿等近现代名人的宅邸。曾几何时，这里冠盖云集，是达官显贵们的滥觞之地。

东平路 11 号的宋子文故居，位于东平路与衡山路的十字交汇口，距离前方的黄浦江 3000 多米，它与坐落在岳阳路 145 号的另一幢宋子文故居，相距不过几百米的距离，同样位于当年的法租界西部，现在的徐汇区偏北一点的位置。

这是一幢花园式的建筑，砖混结构，属于法国文艺复兴时期的建筑风格。它的整体墙面，以及它的门前廊柱，都是鲜艳的深红色。屋顶褐瓦覆盖，屋顶为孟莎式双折，上下两折之间有明显的折檐，上坡缓而下坡陡，下坡近檐口向上翘起。带方形的老虎窗。

它坐北向南，楼高三层，建筑的形体简洁，立面严整。南立面设宽大的弧形露台，使用塔司干双柱；西立面有半圆弧的双阳台，现全加装了玻璃门窗。

东平路 11 号的故居围墙，则是半封闭式的，在靠近东平路和衡山路的马路两边，是用铁制栏干建成的，中间镂空的围墙。岳阳路145号的故居，是砖砌的有两人来高、全封闭的不透风的围墙。这说明主人性格的双重性吗，还是说明一个只是不常住的地方。

盛爱颐外表柔美秀丽，但内心坚韧刚烈，桀骜不驯更甚男子。她是中国第一个为女性维权而不惜状告亲哥哥的女人，这份胆识和气魄令人敬佩。或许，她是绝不会从宋子文的房子前经过的，若一定要路过，也会在小汽车里闭上眼睛，不看一眼，他是个负心的男人，不值一看。但是，午夜梦回，她也会想起，他在他的房子里做什么呢，是挑灯夜读，还是与人商谈。女人，再坚强的外壳下也有一个脆弱的心。

梦一场，不见惆怅，只愿情愫回肠，把鸿惊慌。

1927年秋天，庄夫人去世，在清理庄夫人的剩余遗产时，老四盛恩颐向上海临时法院提出要求，要求将早已归入慈善基金的那部分，提出来由盛氏男方五房（即盛宣怀的三个儿子盛老四盛恩颐、盛老五盛重颐、盛老七盛升颐，以及孙子大房的盛毓常、三房的孙子盛毓郵）分掉，这在家族内部引起了轩然大波。盛爱颐不服气，这笔基金已归入公产怎么还可以讨回？如果可以讨回的话，那么按照民国的法律，未出嫁的女子也有继承权，那么就应该分成七份，自己和八妹都应有权分到一份。盛爱颐虽是高墙深院里的大家闺秀，但更是上海滩上的新知识女性。1928年，盛爱颐把他三个哥哥及两个侄子告上了法庭。

此案在报界一经曝光，即刻引起极大反响。因为按照中国传统家族析产的办法，女子是没有财产继承权的。民国后讲男女平等，虽然在政府法律条文上已经明确女子也有继承权，但真正实行起来困难颇多，得有人带头才行。所以盛爱颐打的这场官司，是民国以来第一例女权案，牵涉一个传统制度的改革问题，因而轰动全国。盛家七小姐的维权官司得到了致力于妇女解放和新生活运动的宋美龄和宋庆龄的鼎力支持，社会舆论和道义逐渐倾斜到了盛爱颐的一边。

9 月 5 日开庭之日盛况空前，法院宣告盛爱颐胜诉，她和八妹盛方颐各赢得了五十万大洋，金额不多但社会意义极其重大，从此中国女性的地位和财产继承权利迈向了一个新的时代。

1932 年，盛爱颐用官司赢得的 50 万大洋建造了一座六层美式风格的大楼，创办了“百乐门舞厅”娱乐公司，当时的国民政府上海市市长亲自出席开张典礼。盛爱颐也成为中国第一个涉足娱乐业的女企业家。

百乐门位于万航渡路，与“76 号”魔窟近在咫尺。这条路的起始便是号称远东第一乐府的百乐门，整幢大楼以美国近代前卫的装饰艺术派风格设计建造，线条简洁流畅，门墙垣用花岗石砌成。正门设在愚园路、万航渡路转角处，大门顶端装有一座 9 米高的圆柱状梯形玻璃银光塔楼，成一柱擎天之势。楼的左右两翼安置了从楼顶直贯底层的流线型霓虹灯柱，亮灯时流光溢彩，远远望去犹如一座通体透明的水晶银光塔，为当时沉寂的静安寺地区增添了一道靓丽的风景。

上海百乐门，历经八十余载风雨依然傲然矗立在上海滩

百乐门建成后立即成为了上海最

负盛名的豪华娱乐会所。张学良等国民党高官经常光顾，宋美龄经常在百乐门举行招待酒会，陈纳德、陈香梅的婚礼在此举行，徐志摩陆小曼是此间常客，卓别林夫妇访问上海时更是慕名前来跳舞，同时这里也是黄金荣、杜月笙等大佬们经常聚会之地。百乐门已经成为上海上层生活的一部分。

在上海的时尚记忆里，百乐门是抹不去的一道亮色。千人舞厅、弹簧地板、菲律宾乐队使得其成为旧上海灯红酒绿、十里洋场的象征。百乐门更是“民国黄金十年”中国经济高速发展的象征。从盛爱颐创办“百乐门”，追溯到盛宣怀与中国近代工业，可以发现盛家为发展中国民族产业做出了不可替代的巨大贡献。

近年来，白先勇编剧的话剧《金大班的最后一夜》，就是以百乐门的风花雪月为背景而创作的。

池砚深处，相思成画，随墨成诗

盛爱颐的初恋是刻骨铭心的，爱之深便痛之切，分手后她决定跟他老死不相往来。直至多年之后，她才大大方方地说，“话又说回来，他还没还给我金叶子呢。”于是金叶子的故事成了一个嘴边的笑谈。她的亲戚朋友见到她就要开她的玩笑：“我到美国要是见着宋子文，一定帮您讨回金叶子！”“我去美国帮您讨金叶子了，您要不要一起去呀？”

七小姐的心高气傲是出了名的，但是，天有不测之风云，盛家在后来的日子中屡遭麻烦，在紧要关头，有时还不得不求助于宋大部长。抗战胜利以后，国民党肃奸部门空前忙碌，盛老四的儿子盛毓度也被投入了监狱。盛毓度早年曾在日本读书，抗战爆发后返回上海，曾在汪伪时期的复兴银行里做过事，很快又转到日本领事馆当秘书。虽然他人在敌营但与国民党军统头目戴笠有单线联系，曾策应、营救过一些国民党人士，只是戴笠后来飞机失事后，他有口说不清，被“挂”了起来。尽管他不断地写申诉，甚至让曾被他营救过的人写证明材料，可是朝中无人就是无法出狱。

盛家兄妹自然是急得团团转，能动的脑筋都动了，能托的人也都托遍了，可就是不见放人。最后，大家只好央求七小姐给宋子文打个电话。当时宋子文的权势正如日中天，不仅出任了国民政府行政院院长，而且直接掌管了对敌伪产业的接收和处理，放不放人全在他一句话。盛毓度的元配夫人叶元婵跑到七小姐家，在她面前长跪不起，几乎是逼着七小姐打电话，威胁道：“你不打，我就不起来。”

七小姐被逼得没办法，只好答应了。一向高傲的七公主，这下心里真是百味杂陈，当初不屑于理睬的，如今倒真的要求着他了，想不到这天底下还真是冤家路窄。但是想想盛毓度毕竟是自己的亲侄子，不能见死不救。于是答应叶元婵：电话只打一次，成就成，不成就算了。

想不到宋子文那头十分痛快，一口答应了。七小姐办事十分精明，心想此事要讲得清清楚楚才好，开个空头支票可不行，必须讲好具体时间，于是苛刻地提出：“我想明天中午跟我侄子吃饭。”电话那头一声“OK！”“我一定让您明天中午跟毓度一起吃饭。”

放下电话，满屋子的人一阵狂喜，还是大人物有份量，一个电话问题就解决了。而七小姐却觉得一阵心酸，她明白，宋子文心里还是念着当初的那份情的，第二天中午，盛毓度果真被放出来了。

|爱情絮语|

有人说，上帝有七个苹果，给你的总是有好有坏。出生豪宅的盛七小姐情路并不是一帆风顺的，不过，这没什么，职场上她全胜而归。不失望，不气馁，正是姐姐妹妹们一路向前走的昂扬姿态。

◎ 时代造新贵　风水轮流转（上海）◎

【宋子文别墅】

宋子文别墅，坐北朝南的一座典型荷兰式风格的花园住宅

世间繁华难抵人间沧桑

宋子文在沪旧居有两处，一处在东平路，一处在岳阳路。其中，前一处是宋子文长女冯宋琼颐出生的地方，而后一处，她一直住到8岁。

宋子文别墅门牌(岳阳路145号)

岳阳路145号，是宋子文在上海的另一处别墅，建于1928年，占地面积4500平方米，是上海市优秀近代建筑。

这是一座典型的荷兰式风格的花园住宅。坐北朝南的假三层楼房，门前有大平台和葡萄架。屋面红色挂瓦铺盖，外墙红砖白色粉刷。前面大片草皮庭园，四周遍植各种名贵树木，间有假山、小池、凉亭，环境幽雅。

最能表现荷兰风格之处是它的折檐式坡屋顶，上坡顶缓而下坡陡，下坡近檐口处向上弯曲起翘，像西方一种名犬塌拉的大耳朵。立面上的另一个特点是在二层楼有一通长阳台，形成强烈的水平线条。阳台下面是一楼起居室的大片玻璃窗。

楼层立面为凹凸形，东西两侧凸出部分屋面是八字形，中间凹形，前面是大阳台。南立面三段式对称划分，底层敞廊，迎客厅有落地钢窗门，东西两侧全部是玻璃窗短墙。

别墅有客厅、餐厅、贮藏室、卧室、起居室、书房、浴室，内部设施完善，装修精细，柳安地板，墙面均有护壁板，平顶花饰线条图案精巧，陈设华丽。

当时宋子文在南京任国民政府财政部部长，只有节假日或在上海有公务时才回家住，他跟大多数官员一样，在南京住官邸，而把家属安排在上海的租界里。

时势造英雄，风水真是轮流转啊，想当年，半条街都是盛家的，可是那光芒四射的光景已经随着清王朝的覆亡而一去不回了，再没有发言权的盛家上下，却只有一个人可以托付，便是当年被他们驱逐的穷小子宋子文。这就好比全家的脸面都裹着七公主曾经和人恋爱过的那点私情，盛在托盘里，给宋子文呈上，卖不卖面子全凭人家，反正该做的都做了，不得不做的也做了。一切，只为生存，世间事情，就是如此造化弄人，啼笑皆非。

丨爱情絮语丨

本来分手之后，你走你的阳关道，我走我的独木桥，偏偏冤家路窄，自己的家族大难临头，非那个负心郎来救不可。这让心高气傲的盛七小姐情何以堪呢。说到这里，就更像戏文了。开尊口，就这一次。

◎ 今世两不欠 来生或可期（南京）◎

【宋子文公馆】

南京北极阁1号，宋子文公馆

历史总是爱开玩笑，七公主家富可敌国，是因为老爷子是大清国邮政大臣，老太太嫌弃宋子文没钱，也是听了下人的片言只语，没有去打听宋子文的社会关系。改朝换代之后，宋子文以国父小舅子，蒋介石大舅子的尊贵身份，成了民国的财神爷。

不列颠百科全书称宋子文是“地球上最富有的人”，他是我们熟知的四大家族的长子，也是哈佛大学硕士、哥伦比亚大学博士，作为宋庆龄的弟弟，宋美龄的哥哥，宋子文乃两代国舅爷也。南京有大量民国时期留下的达官显贵的官邸，宋子文公馆便是其中很有特色的一座。它位于北极阁之巅，既不离都市繁华，又兼备山林野趣。

庭院深深深几许

仲秋的宁静安颐裹挟着浓浓的桂香再一次包围了金陵古城，探访位于北极阁 1 号的宋子文公馆并不顺利，因为这里已经作了某单位招待所，所以被拒之于大门之外。然而慕名而去的我却并不甘心，绕着葱茏小山的周围漫步的时候，发现一条青石铺就的山间小道，沿着石阶而上，最终在已经封堵起来的围墙外停下脚步，这里应该就是通向宋公馆的后门的下山小径。围墙内的山巅别墅被绿树遮遮掩掩，更添几分神秘。几番周折，我终于得以特殊身份进入了这座绿树掩映的西洋乡村式建筑。

在南京的民国建筑里，1933 年始建抗战后又重建的宋子文公馆十分考究，由著名建筑师杨廷宝设计，钢筋混凝土结构，平面呈曲尺形，建筑面积 720 平方米。这个高三层的小楼，底层用毛石砌造，上面两层为砖砌，墙体表面采用了当时极为先进的弹涂工艺粉刷，立体感极强。宋公馆最出彩的是它的屋顶，远看，斜斜的屋顶上覆着厚厚的芦荻，但却不是真正的茅草，而是用进口白水泥拌黄沙在芦荻上盖成，上下共有三层，每层厚约 2 厘米，最上面一层做成蜂窝状，不仅可以隔热保温、防火防渗，而且还能保持室内冬暖夏凉。

宋公馆的入口处设在二楼的西北面，室内顶部的一道道横梁看似木头，实是用水泥精雕细琢而成，为国内建筑所罕见。室内装饰既有西式布置，又有中式陈设。公馆底层是侍卫人员住房、厨房及辅助用房；二楼有会客室、餐厅、书房；三楼是宋子文夫妇的居室和子女的居室、浴室、盥洗室。

不久前，宋子文的女儿冯宋琼颐重游旧地，来到宋公馆看到昔日光景，无比唏嘘。1928 年出生的冯宋琼颐当时年仅八岁，她还有两个妹妹：宋曼颐和宋瑞颐。

有人说，宋子文的女儿的名字里都有个颐字，是纪念他的初恋，上海滩富可敌国的官商盛宣怀的七公主盛爱颐。当年，公主的母亲没看上她觉得穷酸的宋子文，倒不是因为宋子文真的穷，而是因为她家实在太富有了。宋子文后来娶了江西九江著名商人张谋之之女张乐怡。

宋子文每每对着身旁的佳人，身边的美景，是否也会想到那段初恋，他本不明白七小姐的真心，后听闻七小姐得知他的婚讯一病不起，才知道她也是痴情的，只不过，她没有爱的勇气，而他风雨漂泊，哪能安然在上海和她岁月静好呢。事实证明，她的荣华富贵都已经如冬夜的盛景过去了，而他自己，恰恰是乘着新时代的春风而来，也许缘分不够吧。只是不知，丈夫待她如何，像她那样的性子，好与不好，都是不与外人道的。

若有来生，彼此青春年少，西风摆动，我与你拨琴烟雨，诗意飘香，灯下阑珊。

那时，南京城里这个拔地而起的小山之屋，一直是政府要人们的频频聚首之地，说是国民党高层人士的俱乐部也可以，许多重大的决策计谋都成于其中。曾任全国陆海空军副总司令的张学良也常来此做客，并与子文、美龄兄妹结为朋友。1936 年 12 月 12 日，“西安事变”突发，许多人匆匆进出宋公馆，最后形成以宋氏姐妹为核心的主和派政治集团和以何应钦为首的讨伐派。宋子文两赴西安，从中斡旋，最终促进了西安事变的和平解决。

张学良当年敢送蒋介石回南京，有很大程度上是由于宋子文的担保，没想到他一到南京就被送上军事法庭，被判了十年徒刑，虽然后来国民政府又颁布特赦令释放了他，但却仍交军事委员会严加管束。妹夫的食言，让宋子文颇感尴尬，也十分内疚，提出把张学良接回家囚禁，再加上张夫人于凤至是宋美龄妈妈的干女儿，所以，蒋介石总算放了张学良一马。在宋公馆东北面相距数十米处，有一座古典式的双层建筑，这便是囚张楼。

环绕山腰的柏油路旁，靠近那条神秘山道的不远处，有一条通往平地长长的新砌的石阶路，走下来，是南京大屠杀北极阁附近遇难同胞处的纪念碑。

再回首，流光碎影里，仿佛听得见留声机里播放的旧时旋律，“雕栏玉砌今犹在，只是朱颜改。小楼昨夜又东风，恰似一江春水向东流。”宋子文当年是抗战派，并利用自己的人脉和影响力募集了大量国债，用来作为抗日基金。

上海的宋氏家族墓地（2008 年 3 月 26 日，冯宋琼颐携亲属拜谒宋氏家族墓）

1947 年，由于全国黄金风潮的影响，宋子文辞去了行政院长的职务，解放前夕去美国当了寓公，因与蒋介石多年不和，宋子文晚年客居在美国，过着平常的生活，躲过六次暗杀的他，却在 1971 年 77 岁那年被食物噎住而辞世。

宋子文生前显赫，事业成功，受世人瞩目。但于感情，他却并未得以圆满。与盛爱颐的一段情虽早早就已结束，但却也许已经被他深埋心底了吧。

有多少爱情都经不起岁月的碾磨，誓言也终成风中的唏嘘，多少离去的亲朋故友，从此音讯渺茫，山水再难相逢，孤灯残影中难了红尘困扰，终究望穿了秋水，霜白了青丝，进入了荒冢。

| 爱情絮语 |

两个社会阶层的男女，如果只有相爱而没有果敢，是注定不能走到一起的。虽然这样的果敢是以伤害家人为代价的。像男主角宋子文的二姐宋庆龄那年私奔，伤透了父母的心。年轻的人啊，最怕就是动了心。

◎拾◎ 天涯歌女

周璇——盛名千金易得，知心爱人难求

◎ 花好月未圆　凤凰惜折翼（上海）◎

【周璇故居】

周璇的旧居位于海格路（今华山路）枕流公寓六楼。枕流公寓是一幢七层的八字型英式建筑。公寓大门朝北，与南门贯通，中间为门厅，内有电梯、信箱、服务台等。在20世纪30年代，枕流公寓是上海滩超一流的公寓，有“海上名楼”之称

上世纪三、四十年代旧上海的情调似乎是和周璇的歌紧紧相连的，它是荡漾在人们心怀间的一种波动，让人从内心深处去享受脆弱又神秘的人生。周璇的音色甜润自然，有江南水乡的韵味，又有天真烂漫的情趣，燕语莺声般婉转动人，无人可以效仿。

天涯呀海角，觅呀觅知音，小妹妹唱歌郎奏琴，郎呀咱们俩是一条心。

小妹妹似线郎似针，郎呀穿在一起不离分。

化身为《马路天使》里歌女小红的周璇，轻声曼语地唱出了这首歌。周璇娇俏的模样和赵丹深深的酒窝伴随着这首灌录在唱片上因而声线模糊尖细的歌声，永远留在黑白的胶片上，也永远印刻在世人的脑海里。

在旧时的上海滩，下只角的穷人们在螺狮壳一样的跻身场所里依然也要谈恋爱结婚生孩子，小红一边喂着笼子里的小鸟，一边在对面房子阳台上的情郎的胡琴伴奏下，唱着这样撩人心窝的情歌。这是流行在中国江南的民歌，大胆直白堪比诗经中所描述的男女之爱。

后来在电影“色戒”里，王佳芝骚首弄姿为汉奸也演唱了这首情歌，除了是任务需要，也是内心对爱情的渴求吧，将眼前的这个男人剥离开来，一部分是汉奸，另一部分是她的男人，她把情感投注到了后面那个部分。

周璇的旧居位于海格路，即今华山路 731 号。20 世纪 30 年代初期，上海建筑高层公寓之风兴起。枕流公寓便是这个时期建造的第一流的公寓建筑，因设施高档齐备，故有“海上名楼”之称。1930 年，李鸿章之子李经迈拆去其父旧居后，请美资的哈沙德洋行重新设计，建成七层公寓大楼，引用“枕流漱石”成语，喻潜心静思、磨练意志的意思，取名为“枕流公寓”。

“天涯歌后”周璇便是在这里度过了其短暂却辉煌的一生。

此一岸是苦芳，彼一岸是落伤

1900年，英资泰兴银行大班在海格路这块地上兴建了自己的宅院，不久后，李鸿章收购了这个宅子。李鸿章的三儿子李经迈年少时体弱，李鸿章担忧他的将来，便把这处房产给了他，方便他日后收租为生。李经迈早年曾出使奥地利，后来在江苏、河南和浙江都任过按察使，欧洲日本也都去过，回国后隐居上海。

枕流公寓的英文名为 Brookside Apartments，可直译作“河边公寓”或“溪边公寓”，李经迈不满此名，便公开征集名字。有人引用《世说新语》中的“枕流漱石”，建议以“枕流”为名。其实“枕流漱石”这词本是口误，话说孙子荆有意隐退，说“当枕石漱流”，却误称为“枕流漱石”，对方说“流可枕，石可漱乎？”孙子荆却能把话说圆，称“所以枕流，欲洗其耳；所以漱石，欲砺其齿”，后世便将“枕流漱石”引申为隐居山林、潜心磨炼，“枕流”还有归隐之意。

如今的枕流公寓，虽重新修葺过，但昔日形貌未改，西班牙样式建筑与装饰艺术派相结合的风格，使建筑的整体显示出一种轻快和秀美的情调。灰白色外墙，立面呈“八”字形，花园也极大，看起来颇为壮观，墙面上偶见的爬山虎，不知已经有了多少年纪。

公寓大门朝北，与南门贯通，中间为门厅，内有电梯、信箱、服务台等。卧室都是套间，卫浴设备都是进口名牌，室内还有水汀装置，冬暖夏凉。窗棂用钢、门把手用铜，地板都是檀木铺就，每户客厅都有壁炉，餐厅和厨房之间必有一间备餐室相隔。钢窗、檀木地板均为西班牙式样，与建筑物风格相互搭配。

沐浴在夕阳余辉中的枕流公寓就像是一首岁月之歌，灰色的墙面、嫩绿色的植物，如同一行行音乐符号。歌声中，上海滩老明星们的那份记忆往事，如电影胶片一般次第放映。

1920 年，常州一户苏姓人家诞生了一名女婴，排行老二，取名苏璞，璞乃未琢之玉，取其天然、纯真之意。父亲苏调夫毕业于金陵大学，先后做过牧师和教师，为人宽厚，知识渊博，在常州城颇有名气。母亲顾美珍毕业于金陵女子大学，是个护士，也是苏调夫的学生。

幼年时苏璞被在金坛县任伪警察局长的舅舅顾仕佳偷偷拐骗到了金坛县的王家，由此改名王小红。王家夫妇离异后，小红又被送给了上海的一家周姓人家，更名周小红。她童年不幸，却年少成名。

1931 年周小红进入黎锦晖创办的明月歌舞团，改名周璇。1932 年，年仅 14 岁，却已在歌坛上崭露头角的她搬入了枕流公寓，一住就是 25 年，直至去世。

在她人生最好的年华里，枕流公寓是她内心深处唯一的家。周璇住的是六楼的一套 150 平方米的居室，装修考究而华丽。

这座公寓曾住过许多知名人士，可谓名流荟萃。上海解放后，更是有不少文化界著名人士居住在这座公寓里，比如《文汇报》总编、著名老报人徐铸成，又如文艺理论家叶以群、篆刻家吴朴堂，还有越剧演员范瑞娟、傅全香，演员乔奇、孙景璐等。

谁人懂凉薄，泪过颈，更待彼岸月花香

周璇的美，不可方物

世间的事情都有因果，周璇的养父养母和哥哥给予她的影响，成为了她日后在演艺界成名的基础。

被周姓人家收养后，在她 8 岁的那年，养母送她去宁波同乡会设立的第八小学读书。“我的求学费用以及日常生活所需，都是养母辛勤地劳作得来的。我现在不至于成为文盲，完全是养母的培植，这一点，我是深深感激养母抚育之恩的。”周璇这样说。

周璇对她的养母叶凤珠有着深厚的感情，在她成名后，周璇居住在枕流公寓里时，母女俩一直相依为命。不过，童年的苦难也深深烙在她的心间，使得她的心总是多愁善感。以唱歌来娱乐自己，是周璇凄苦的童年生活里唯一的安慰。她在给《万象》杂志写的文章中这样说：“我自幼爱听人家唱歌，耳音也好，常常跟着哼，一遍两遍，三遍四遍就能上口了，在学校里，我唱歌的成绩总是第一名。”

“后来，我们家境越来越困苦了，养母被迫去帮佣度日，那个被鸦片熏黑了肚肠的养父竟丧心病狂要把我卖去妓院当妓女，幸亏养母及时搭救，才免去我一场更大的灾难……那时，日子越来越苦，往往饿着肚子呆呆地坐着，口水直往肚里咽……”

她们家隔壁住着明月歌舞剧社的琴师章锦文，听到周璇的不幸遭遇深感同情，于是便推荐她加入了近代著名音乐家黎锦晖创办的明月歌舞剧社。从此周小红踏上了艺术之路，那一年她13岁。

1937年春天，上海明星影业公司决定拍摄反映社会底层小人物命运的影片《马路天使》。该片由著名影人袁牧之编导，赵丹出演男主角吹角手，周璇有幸出演女主角歌女小红。

《马路天使》是周璇的代表作，也是她的成名作。凭藉此片，周璇红遍大江南北，永留中国电影史册。她是怎样获得这个演出机会的呢？她的文章里这样说："我有个哥哥叫周履安，他是我养父所生，曾演过话剧，在明星公司拍过戏，和袁牧之是朋友。袁牧之在明星公司导演《马路天使》时，他提议向'艺华'借我客串演出，这是因为剧中人适合我的个性，他估计我能胜任这个角色。当时'明星'和'艺华'说好条件，由'明星'借白杨给'艺华'拍一部戏。'艺华'答应我在'明星'客串一部戏作为交换……"

周履安是中国最早期的明星电影公司的台柱，默片时代的大明星，据当时的报纸介绍："胡蝶只不过是一个配角的时候，周履安和四大明星之一的张织云，已是银幕上的一对情侣，他的潇洒风流，聪明和努力，使每个导演都非常愿意导他的戏。"

当然，没有真才实学，光靠关系在娱乐圈里是无法立足的，周璇唱而优则演，演之则形神兼备，偶像派加实力派，这样的天才确实难得。有一天，片场上轮到周璇扮演的歌女小红上场了，可是忽然到处都找不到她，最后还是赵丹发现，她在片场外和一个小朋友趴在地上打弹子。周璇的表演自然、松弛、质朴，没有丝毫刻意和雕琢，把歌女小红这个她所熟悉的角色演绎到了极致。影片放映后引起轰动，两首插曲:《四季歌》和《天涯歌女》也成为中国乐坛经久不衰的经典之作。周璇从此名声大振，成为上海滩首屈一指的歌、影两栖明星。

春季到来绿满窗　大姑娘窗下绣鸳鸯
忽然一阵无情棒　打得鸳鸯各一方
夏季到来柳丝长　大姑娘漂泊到长江
江南江北风光好　怎比青纱起高粱
秋季到来荷花香　大姑娘夜夜梦家乡
醒来不见爷娘面　只见床前明月光
冬季到来雪茫茫　寒衣做好送情郎
血肉筑出长城长　奴愿做当年小孟姜

白首只影，倾世只求，姻缘似凋花

在周璇眼中，严华如父如兄。严华是才子，会作曲，会唱歌，因和周璇对唱《桃花江》而被赐一个雅号“桃花太子”。

1937年，17岁的周璇随未婚夫严华跨洋过海，远赴香港、菲律宾等地巡回演出。在菲律宾首都马尼拉等地，周璇的演唱受到热烈欢迎，获得

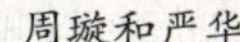
周璇和严华

美国胜利唱片于民国时期制作的严华和周璇合唱唱片

巨大成功。他们一路上领略着热带风光和异国情调，每天的生活就好像喝着蜜糖。

1938 年夏天，从东南亚巡回演唱归来的周璇和严华参加上海“爵士合唱团”，每天奔波在上海各家电台间播音演唱。不久，她又随严华北上，在北平的西长安街春园饭店举办了婚礼，并在北平度过了四个月的蜜月期。婚后二人始终沉浸在爱的漩涡中，美好的生活似乎正向他们招手。结婚照片上，严华笑容阳光，周璇幸福满溢。

他们的婚房便在海格路的枕流公寓里。可是，世事难料，这段曾经令人艳羡的婚姻在三年后便匆匆结束。晚年的严华曾说：“要是我不跟小璇子吵架，也许她后来就不会有不幸的命运。”

1938 年秋，周璇签约于上海国华影业公司，开始了她的新一轮拍片高潮。周璇在《我的为什么出走》一文中这样写道：“然而好景不常，一切并非我所预料的那样，渐渐地，猜疑、诬蔑、诽谤，从四面八方向我袭来，我再也不能忍受了，因为我是人，我有自己的生命和尊严。经过思索，我终于选择了‘娜拉’的道路，噙着泪水离开了家，离开了相处九年的丈夫。”

严华在 1941 年给报刊撰文《九年来的回忆》，也披露了和周璇婚姻的内幕："由北平重返上海后，周璇加入了国华影业公司，我们二人的月薪 450 元。周璇每年规定拍 4 部戏，每部戏的报酬是 2000 元。""我历来主张节约，该用的用，不该用的坚决不用。"看来严华对周璇赚的钱管得很死。

周璇拍片很忙，经常加班加点，回到家已经是深夜了，这本是一个演员的日常作息，但作为丈夫，觉得独守空房，实在难以忍受。有一次，他甚至把妻子锁在家里，导致她无法正常到达片场，影视公司老板就怂恿周璇住到公司里去。于是，周璇真的就没回家。这下，事情越闹越大。严华对外说，周璇私自带走存折。当时的报纸也以大幅标题，大肆渲染此事，称周璇卷款潜逃云云。一时间，蜚短流长，传遍整个上海滩。

对此，周璇是这样解释的："不错，我确实带走了两万元钱的存折，但这不过是我积蓄的一部分。实际上我名下的钱还不至此数。"家丑外扬到如此地步，还要说清楚自己的存款，这不是让贼惦记吗?

1941 年 6 月的上海《申报》和《新闻报》上，周璇对昔日恩爱的丈夫反戈一击，"严君明知银行存款为璇之私蓄，而竟意图攫为己有，登报挂失，去函止付，迹其所为，严君重视床头之金十百倍于床头之人。璇以劳力所获之资，近年为数颇巨，即以灌音……《何日君再来》等片先后版税何止巨万？悉数交彼，璇囊中所存，每不逾五元，偶有亲友见访，无以置肴点，有失礼貌，使璇啼笑皆非。"

“璇往公司拍片，严君常限制时刻，倘因工作稍久，赋归略迟，严君即以恶声相报，甚至痛殴。严君家中不许雇用仆役，一切均由璇与璇之养母操作，然严君复又颐指气使，绝不体谅，偶或逢彼之怒，不第公然辱骂，益且当众施暴。又璇每含泪至公司拍戏，强颜欢笑以自掩饰，比及返家，严君犹未恝置，必逼璇引过认罪而后已。”

周璇是一个感情专一，传统保守的女性。 在 1943 年的《新影坛》杂志上，有人这样评价过周璇：“无论在她婚变之前或后，她的私生活，一向是很严肃的。你可曾看见她独个儿在交际场所或游乐场中出现？除非有应酬，她总是难得外出的，这也是她值得为人称道的一点。”

周璇和严华的感情基础还是比较牢固的，最后，韩非事件点燃了他们离异的导火索。那时的韩非年轻洒脱、风流倜傥，每天拍完片，都要送周璇到家门口。这本是绅士礼仪，但留给小报记者的想像空间就远不止于此了。也不知道严华听信了什么，一次，就在韩非送周璇到家门口时，严华当场给了周璇一巴掌，由此引发了周璇和严华的彻底破裂。

此时的周璇，再平静淡然的笑，也难以拂拭心灵的阴影

自从 1940 年和严华分开后，上海一家最著名的绸布商店老板的儿子朱怀德出现在周璇的生命中。朱家家道殷实，所以朱怀德总是一副西装革履、风度翩翩的模样。严华是满脑子男尊女卑的北京“大老爷”，朱怀德则是对女性细致入微、关照

有加的上海“小男人”。

因在感情上受过伤害，所以轻易不敢再谈婚姻，她与朱怀德之间的“马拉松”似的恋爱谈了七、八年。后来，周璇赴港拍戏，终于和朱怀德同居，可就在谈婚论嫁时却发现对方已有妻室，周璇痛悔不已，立即登报声明与其结束同居关系。

周璇的大儿子周民，是否是朱怀德亲生骨肉，各种说法皆有之，既然周璇想把这件事情当作秘密，我们就不要揭开了吧。

惧你随水终无期，丢下沉痛客不回

到了1947年，当周璇与朱怀德渐行渐远的时候，石挥出现在她的生命中。石挥被称为“话剧皇帝”，常年活跃在上海的话剧舞台上，塑造了许多令人难忘的艺术形象。同时，他也曾多次走上银幕，博得了许多“影迷”的青睐，是一个天才的男演员。

有一次，在霞飞路重庆路口的一家绸布庄举行的开业庆典上，主办方分别请了石挥、周璇两位大明星去作剪彩嘉宾。彼此久仰的两个人就这样擦出火花，开始了爱情之旅。但是两人各自忙于演戏，总是聚少离多，感情一直淡淡的。而周璇对这份新来的爱情也总有些莫名的恐惧，因为她还没有从以往的不幸爱情和婚姻中完全走出来。

那时她往返于香港和上海之间拍电影。终于在1946年周璇去香港之前，两个人在依依惜别中彼此倾吐了衷情。她担心养母年纪大，独自在家不安全，拜托石挥在上海替她看家。到香港后，石挥又一封封的书信从上海寄去香港，催促周璇快点回来。石挥希望彼此多些真实的相处，希望她在上海拍戏。

周璇、张伐、石挥主演的《夜店》海报

1947 年春夏之交，周璇匆匆从香港飞回上海。她的老朋友田汉，专门为她写了一个电影剧本《忆江南》，为她量身定制了采茶女谢黛娥和香港小姐黄玫瑰两个角色。

在华山路上的枕流公寓里，记者采访她。当问及与石挥的感情问题时，周璇大打太极，就好像现如今的明星接受记者采访一样，满口外交辞令，模棱两可。

“话剧皇帝”石挥

“那么你预备在什么时候和石先生结婚？”

“我不否认，也不承认，结婚不结婚，那还得听命运和环境的支配，不过一时的友谊，还好。”她这时非常镇静。

“从友谊的立场，你看石先生有何优点，有何弱点？”

“他吗?”周璇脸红了一下，很快就改口道，“石先生的优弱点，我一时还批评不出，见不到什么特殊的显着之处，不过我觉得他虽不温柔，也不粗暴，给他四个字吧：沉默寡言。”

“你理想的结婚生活要怎样才觉得美满?”

“但求生活能够安定而已。”

见到了思念已久的石挥，他比分别时看来消瘦了许多，而且蓄着过长的头发。周璇担心他得了什么病，石挥说自己是刚拍完一部名叫《假凤虚凰》的影片。这部由桑弧编剧、佐临导演的电影让他经历了一些有趣的事情，尤其是影片里讽刺社会欺骗风气的一幕，引起了全市理发师的误会，吓得他和叶明都不敢进理发店，所以头发一直留到了这么长。

随后，他们订立了婚约，而周璇又匆匆去香港拍戏去了。

可是，后来他的信却渐渐少了。

爱情甜如蜜糖又苦涩如黄连。

是因为自己没能及时回上海，他生气了吗，周璇如此猜测。那段时间，周璇最信赖的得力助手朱小姐从上海赶回香港，当周璇问她有无打听到关于石挥的消息时，她吞吞吐吐地说不太清楚。周璇要面子，所以没有细问。其实，朱小姐也就是看了几张小报上的报道而已。

一部《清宫秘史》足足耗费了半年时间才全部拍摄完成，为此片周璇熬得人憔悴了许多，卸装后的她眼窝深陷，十分憔悴。她扮演的珍妃命运悲惨，而周璇也自始至终沉浸在悲痛的气氛中难以自拔。不知戏似人生，还是人生似戏。

她多次写信给石挥，但却等不到回信。真是忙成这样吗，还是聚少离多使得爱情降温，要不然就是他身边美女如云呢？爱情中的女人总是给自己出很多题目，然后自己解答，而答案太多，到底是哪一个呢，就好像拆除定时炸弹的时候，不知道该剪哪根线一样纠结。情爱中的等待有一个时限，过了这个时限，情到浓时也会转淡。就这样，长期的分离让周璇的爱情火苗渐渐熄灭了。

1948 年初冬，周璇再次回到上海，她总要亲眼见证这份情的尘埃落定。石挥说假如上海报刊说我风流的消息你都信的话，那香港报刊上刊登的周璇所说“决不与圈内人配成佳偶”也可当真咯？石挥长叹一声，用双手拍膝站起，然后效仿美国电影《飘》中白瑞德向郝思嘉告别的一个动作，转身离去了。

1950 年 7 月，周璇拒绝了片约，带着巨额财富再次从香港回到了上海。因为上海有她的家，有她熟悉的生活。

周璇生命中的最后一段岁月

此后，美工唐棣进入了周璇的生活，二人又在枕流公寓一起居住。此时的周璇已经患上了精神疾病，参演影片《和平鸽》时因病未能完成。1952 年，在二人婚礼前夕，唐棣却被指控为诈骗罪和诱奸罪，判刑三年。起因是当时的周璇已患上精神病，按刑法规定，正常人与精神病人发生性关系，需承担刑事责任。直到一年后，法院才撤销原判，释放了唐棣。可此时的周璇，已旧病复发住进医院，她的人生已接近终点，他们的儿子周伟也不能时常见到母亲。

也许是天妒红颜，也许是彩云易散，这位天涯歌后1957年因脑膜炎而香消玉陨。

在周璇最后的弥留之际，她拉住老友的手，用颤抖而低弱的声音，无限凄惨地诉说着一件她至死不忘的心事："我是苦命……一直见不到……亲生……父母！"

而当年夏天，当顾美珍从报刊上得悉周璇患病住院的消息时，她急切地说："我是母亲又是医生，女儿病了需要我照顾。"

因此，她匆匆办了提前退休的手续，在两个外孙女儿的陪伴下，来到上海认亲。但大家怕刺激到已经患病的周璇，母女相见的事情就这样拖了下来。当然，这其中还有另外一个原因，那就是一旦认亲，舅舅的经历就会给整个家族带来灾祸。因此，顾妈妈只好把思念深深地埋在心里。

周璇的葬礼上，上海电影界名人全部到场，却不见石挥的身影。他那时因受到冲击，自觉演艺生涯的终止，不堪此痛而在一艘出海的客轮上，飞身跃入海中。此时距周璇辞世仅过了不足两个月。

| 爱情絮语 |

情缘如云，飘来又游走。周璇名利双收，却尝尽了辛酸悲苦，这是天意吗。大喜大悲的人生不是每一个人都会碰到，珍惜眼前平淡的幸福吧。

◎ 明月当空照　今夕照何人（上海）◎

【明月歌舞剧社旧址】

常德路恒德里 633 弄 65 号，明月歌舞社旧址

“明月歌舞团”的团址在上海常德路恒德里 633 弄 65 号，现在挂出聂耳旧居的牌子，不过那时候，聂耳只是黎锦晖创办的“明月歌舞团”里的一个小提琴练习生，晚上就住在团里。

这一条普通的马路上，升起了中国文学艺术界两颗耀眼的明星：一个是周璇，另一个便是居住在常德路上的常德公寓里的张爱玲。

周璇可以算是中国最早的两栖明星，也成为了中国电影史上以表演音乐歌舞片而空前绝后的第一人。在“周璇”这块金字招牌的背后，凝聚着众多精英人物的智慧，他们指定剧作家为周璇量身定制适合她性格和气质的剧本，又聘用了名导演为她执导，还聘请最有名气的词曲作家根据她的音域和演唱特点为她写歌。在周璇的一生中，一共参演了43部电影，唱过近200多首原创歌曲，其中在她主演的电影中主唱过114首插曲，这是到现在也无人能打破过的“记录”。

小荷才露尖尖角

在“黎氏八骏”排行第二的黎锦晖是中国流行音乐的奠基人，中国童歌舞剧创始人，中国近代歌舞之父，培养出了周璇、聂耳、王人美、严华、黎锦光、黎明晖、黎莉莉、白虹、陈燕燕等著名艺术家及演艺工作者，他的七弟黎锦光更有“流行歌王”之称。

1929年，黎锦晖组建“明月歌舞团”，随后开始在全国各地巡回演出。“明月歌舞团”是中国流行乐发展中第一个职业歌舞团体，于1931年并入联华影业公司。1931年，黎锦晖等人决心重整旗鼓，成立了“明月歌舞剧社”。“明月歌舞剧社”主要旅行演出于东北、华北的一些城市。

周璇入社后十分好学，跟琴师章锦文学习五线谱、弹钢琴，又跟严华学习普通话，深夜都在背台词。演员上午都要练琴，她只好等人家弹，她在一边看，等到下午别人不弹了，她才能去摸一摸。在短短几个月时间里，她不但能识五线谱、弹钢琴，而且也能说一口普通话了。

1932 年的新年演出中，她顶替了当时的台柱歌星白虹出场，表演歌舞剧《特别快车》，博得观众的好评。她演唱的《特别快车》被灌制成唱片，这是她灌制的第一张唱片。一次，她参演救国进步歌剧《野玫瑰》，终场时高唱主题曲《民族之光》，其中一句歌词“与敌人周旋于沙场之上”深得赞赏，于是黎锦晖提议把周小红改名为周旋，后来又改成周璇，纯美如玉的意思。此后，演艺圈里人们常常喊她“璇子”。

这时，恰逢中国无声电影全面向有声影片发展的时代。明月歌舞剧社的台柱演员王人美、黎莉莉等人，先后被影业公司挖去拍片，对剧社的演出产生很大冲击，最终使得明月歌舞剧社再也难以维持，不得不宣布解散。

1933 年，明月歌舞剧社解散后，严华和周璇等几个热血青年办成了一个规模较小的新月歌剧社。但新月歌剧社却在不到一年时间里，夭折了。1934 年初，周璇又峰回路转，加入新华歌剧社。

周璇 1934 年获誉“金嗓子”，歌声红遍上海滩。电台评她的嗓子“如金笛沁入人心”。上海歌坛上的一颗新星，开始绽放出熠熠的光芒。

她拍的电影，无论是古装片还是时装片，每一部都引起轰动，影片的拷贝达到了抢手的程度。东南亚一带的片商，甚至会提着现金到上海来抢购她的影片。当时的电影刊物上介绍，周璇拍的影片在东南亚受欢迎的程度，远远超过了好莱坞的影片，周璇的影响也压倒了当时好莱坞的巨星珍妮麦当娜和狄安娜。就此，周璇一下擢升为上海乃至全中国首屈一指的头牌女明星。

在纸醉金迷的上海滩，能保持自己宁静而淡定的心态是非常难得的，周璇做到了。

当时的《上海日报》发起了 1941 年电影皇后的选举，结果非周璇莫属。但当此结果在报上公布后的第二天，周璇却随即发表启事，声明婉言谢辞这顶“影后”桂冠。此举引起舆论大哗，周璇发表声明解释说，“见某报主办之 1941 年电影皇后选举揭晓广告内，附列贱名，顾璇性情淡泊，不尚荣利，平日除为公司摄片外，业余惟以读书消遣，对外界情形，极少接触，自问学识技能，均极有限，对于影后名称，绝难接受，并祈勿将影后二字，涉及贱名，则不胜感荷，敬希亮鉴，此启。”

娴雅恬静的周璇

周璇在 1943 年 6 月给上海《大众影讯》写过一篇随笔，文笔相当优美，“冗长的岁月，仿佛在我头顶上掠过。每当早晨，我面对着这架‘披爱农（英文：钢琴的译音）’试练我的歌喉时，太阳、飞鸟、流云，它们都飞跃在我的眼帘前，叫我看到了这大自然的景物，每次会增加无穷的乐趣。我爱唱歌，比爱自己的生命更甚。歌唱是我的灵魂，我把整个的生命献给它。这是我的誓言，我牢牢地实践着，永远地，永远地……”

1945 年 3 月，周璇在中华电影联合股份有限公司摄制的黑白故事片《凤凰于飞》中扮演女主角吴淑贞，并演唱了当年上海滩上最负盛名的词作者陈蝶衣作词的《笑的赞美》、《慈母心》、《前程万里》、《嫦娥》、《凤凰于飞歌一、二》、《合家欢》等十一首插曲。周璇的影迷、歌迷成千上万，遍及上海滩的各个阶层，各个角落。

在 1945 年的 3 月 28、29、30 日的三天里，周璇在她最熟悉的舞台——金都大戏院开了她的首场独唱音乐会，票价虽高达 300 元，依然销售一空。现场舞台上摆满花篮，最引人注目的是《凤凰于飞》的导演方沛霖送的大花篮，上面用鲜花扎成"金嗓子"三个字。独唱音乐会上，周璇穿着天蓝色旗袍，外罩一件单色绒线外套，那娇小的样子楚楚动人，她演唱的是银海三部曲——《渔家女》、《鸾凤和鸣》、《凤凰于飞》的全部插曲，三天歌唱会共售 400 余万元。

看你轻风浅唱，华年好样

周璇生前演唱过太多的经典名曲，《四季歌》、《天涯歌女》、《夜上海》、《何日君再来》等等都流传至今。她的歌声余音绕梁，数十年不绝于耳，风靡了大半个世纪，影响了几代人。

张爱玲说："我和李香兰共同喜欢一个人的歌声，她就是周璇；我知道，李香兰是因为崇拜周璇而走上了歌唱道路。"

上海滩的歌仙，著名作曲人陈歌辛也对她给予了极高的评价："璇子

演出中的周璇

很聪明，心肠也好，她开始踏上影坛，是以娇小的身材与甜润的歌声使人感到‘我见犹怜’的。”贺绿汀回忆当年与周璇的交往时说，周璇很单纯，很天真，很聪敏，也很忠厚，是个本分人，也很有上进心。

她演过的电影中，《马路天使》、《孟姜女》、《孟丽君》、《红楼梦》、《天涯歌女》、《夜深沉》、《渔家女》、《各有千秋》、《清宫秘史》等代表作，从现实题材到神话传说几乎无所不包。

上世纪40年代末，上海《电影杂志》的记者访问周璇："很想知道你对过去所演的影片，觉得哪一部最满意？" 周璇谦虚地回答："我都觉得不满意，不过……《马路天使》最值得我怀念，因为许多朋友都喜欢它。" 而那首《天涯歌女》也衍生出一部同名电影《天涯歌女》，演绎上海三、四十年代的歌舞升平、再现夜上海的光怪陆离。

夏夜的夜晚是如此漫长，放一张周璇的老唱片，歌声悠悠扬扬的传出来，带着老上海的腔调与韵味，伴着夜来香的香味，仿佛看到故人立于窗前，轻启朱唇一展歌喉的鲜活情态。那些老上海的悠扬情调，便呼之欲出。

无邪而甜美的面孔，还有她天籁般的歌声，影响了中国的几代人。即使到了今天，很多咖啡馆、电影院、酒吧还张贴着周璇的老照片，她的美，经久不衰。周璇的歌声也在各种时尚场所流淌着，标注着上海滩那段纸醉金迷的岁月。

她成名如此之早，让人羡慕，但她的辉煌和幸福都是那么短暂，难道上天注定要让她用短暂的辉煌来演绎漫长的清冷？

昔人已去，空留恋念，我们感慨的是，谁都抵不过光阴的摧残，她的芳华已经融入那些旋律，朝阳暮雨间向世人诉说着道不尽说不完的爱与哀愁。

| 爱情絮语 |

周璇的情与爱都蕴藏在她美妙如天籁的歌声里，值得庆幸的是，别人铭记的是她，爱戴的也是她，至于她身边停驻过哪些男人有什么重要的呢？做女人，还是独立一点的好，不乞求男人的爱，自尊自爱才是王道。

作者手记

倾绝世温柔，许我今生静好

繁花映月露，流光碎影中，时间深处的那一树花开，似是故人来。

写民国女性的书挺多，但我的想法应是独特的。所以，依然在这片已经繁花似锦的领域里冲了上去，只为了还自己一个愿。因为，对她们关注已久，怜惜许久。

你知道吗，上海，就像一瓶古老年份里出产的红酒，是在天时地利人和之下才能产生的绝美风情。这不是靠一两个因素可以支撑起来的，而是许多贵族奢华的历史人文细节共同铺陈出来的美好享受。而诸多至今完好的建筑大都建造于民国那个时代。

上海，就像是一个旧梦。它的繁华从未停歇，始终停留在并不真实的意境里，无论是去过，还是没去过，哪怕今天就站在百乐门舞厅前面，却依然雾里看花看不真切。惊鸿一瞥后，美丽的回忆和思念缕缕不绝。即便你踏过万水千山，早已宠辱不惊，淡然从容，也会为上海而惊艳。有人说，如果你连上海都厌倦了，或许意味着你已厌倦了生活。邂逅在这样的城市，仿佛神交已久，如清风过后花雨漫天飞舞，有一种销魂的浪漫。

而南京，因为我居住在这里有数十年之久，身处民国文化的中心，已经如阳光呼吸一样，民国的气息触手可及。

2013 年 5 月

A. 一座“南京城”，半部“民国史”。这些丰厚的历史遗存，展现着南京独特的民国文化魅力。颐和路是南京市乃至全国规模最大、保存最为完整的民国建筑片区，至今仍保存着 200 多栋外国使馆及民国党政军要员、富豪的花园别墅。除此之外，还有很多民国遗址像珍珠一般散落在城市的各个角落。一座座风格迥异、中西合璧的民国建筑造就了民国文化看南京的独特地位。

上海也有多处老房子集中的区域和马路，像复兴西（中）路 - 衡山路 - 东平路 - 汾阳路一带、愚园路一带、华山路 - 武康路 - 兴国路一带、新华路一带、溧阳路 - 多伦路 - 山阴路一带等等。老房子当仁不让地承载着历史的印痕，只要用心去感受，就能在风中聆听到故人们曾经的阵阵脚步声。就在那些故居前，似乎还能嗅见他们衣袂飘飘的香味。其实，很多故居都一去再去，但这次为了写作还是重新又去了一次。

再去一次，就又被拉扯进那一场场乱世里的风月哀伤之中，一颗心在风雨中摇荡。想，那一世，青春正好，肌肤如雪；这一世，尸骨何存，墓碑何在，就算安然到老，百年也是匆匆一瞬啊。

爱过，被爱过，灿烂过，此情无计可消除，爱情跨越生死，肉身却已经腐朽，而那一颦一笑，那两情相悦不都依附于肉体的模样吗。

B. 有趣的是，由于他们都同处于一个年代，一个城市，所以看似并无关联的十个人物的故事发生地点都有交集，她们彼此可能未曾谋面，但隐隐的枝蔓相连是民国的冰山一角，我多么希望，还可以有机会继续写下去。

都说民国是一个传奇，可我更愿意说它是一个梦，梦因为短暂而令人叹息，也因为短暂而更深藏于记忆中。在审美意识上，有点像油画，也有点像国画。它有油画的端庄典雅，也有国画的写意抒情，它定格在一张张老照片上，近得几乎可以触摸，阳光投射下来的阴影，勾勒出的事物人物的线条，和我们现在拍一张黑白照片没有什么不同，每当视线所及，都让我恍惚不已。

但遗憾的是，有的故居却由于城市建设的原因，已经被拆迁了，找寻不见，空留唏嘘。

C. 我是那样贪婪地沉浸在民国历史的各种史料里，在从前的从前，毫不夸张地说，是一日无肉可以，一日不读民国史不欢。尤其是听到自己的祖辈在那个时代的一些故事，更增添了想多了解那个年代的渴望。在相当长的时间里，我从来没有想过自己可以写一些东西，于是，荒废了很多年。而现在看来，那些年的时间是相当充裕的，而现在，缺少的却正是时间。

为了换一点时间写作，我常常在外面随便吃一点，虽然我还是比较擅长烹饪的。常被不太熟悉的友人们看见，总以为我是懒得下厨，不够精打细算过日子，虽然没有明说，眼神中已然写明。没有机会解释，解释了也不会明白，由他去吧。

2013年10月

A. 因为一个偶然的契机，我成为了某杂志社故居专栏的撰稿人，也就开始更加关注民国故居。我喜欢这样的题材和体裁，写作成为享受的原因只有一个，就是兴趣，幸好我喜欢，幸好我可以享受其中。每一个月的伊始，拿到飘着墨香的杂志的时候，心里都会有小小的快乐，但很快就倏忽不见，好像细密的春雨飘在脸上，过一会就找不到踪迹了。那一定和拿到自己出版的新书的感觉是不同的吧，期待这一天的到来。

我喜欢在打开文档的同时开着流行音乐，但我对音乐的要求又很高，若不能符合当时当地的心情，便要跳过去，再寻下一首。已经被日复一日的平凡生活板结的心灵需要跳跃的音符来为我松土、滋润。在每一首情歌里，我仿佛进入一段爱情故事的伤感激越，进去，不断地进去，将我的心染得斑斓多姿。只是，这样的情绪都是非常短暂的，换歌即换心情。

B. 可是因为自己的手上还有很多事情需要处理，全情留给这本书的精力和时间都是非常有限的，所以，我自己感受到的压力非常之大，甚至于写作状态差的时候要远远多于写作状态好的时候。以前，我被人称作为写作的快枪手，自己也引以为荣，但后来发现同行的作家有很多机关枪，射击又好又准，都比我快，始知天外有天，山外有人，自愧弗如。于是，常常念叨着，少壮不努力，老大徒伤悲，恨自己年少无知，不知进取也。而现在，闭关写作几乎是不可能的，只有超负荷工作一条路，有决心没体力，即便耐得住夏练三伏冬练三九之苦，却在接近子夜的时候，两眼昏花矣。视力肯定再次下降了，而脸上也会因电脑辐射多了斑点，这就叫付出吧。

进度极其缓慢，犹如乌龟爬行的时候，非常之多。这往往因为身体不适，或者灵感枯竭，或者被工作生活占用了时间。而才思敏捷，犹如井喷的时候少而又少，有时候灵感来了，时间没来，有时候时间来了，状态没来，有时候状态来了，饿了渴了不得不中断。有一个良好的写作状态简直成为了非分之想。

2013 年 12 月

A. 写稿子的时候，秋已去，冬将至。叶子舞着最后的绚烂，别了曾经过往，零落成泥。嫩绿，翠绿，枯黄然后落尽。如同生命，呱呱落地，耄耋之年，而后化为一抔黄土。人生，没有重复，亦，没有退路。

我的键盘有几个常用的键，已经按了再按也毫无反应，估计是写作的过程中使用过于频繁的缘故，任何机器都会磨损，人也如同一架机器，岁月将它渐渐腐蚀。

说起来百年前的时光，但却就在眼前，可怜天下父母心，婚姻情爱的甘苦尝过，恨不得孩子们不要再尝过，只是，一切的缘分，不由人的掌控，命运的诡异，谁也猜测不到。

天渐渐冷了，那些佳人如窗花在眼前栩栩如生，那些她们说过的话语还温热着，像桌前那盏茶。生死永隔，永不复生。那些情与义，还在。

B. 高楼大厦固然雄伟，可是搭建的过程却是血水夹着汗水，尘土飞扬，黄沙满天。在写作过程中，由于时间紧、压力大，一度忧郁恍惚，也烦躁不安如热锅上的蚂蚁，这份辛苦谁人可知。

十位才女的爱情经历，除了拥有完美爱情的宋美龄，其他人的故事都太过沉重，也将我的情绪弄得起伏不定，善感多愁。

我盼望着可以早日杀青，了断我的这段写作之痛，又盼着稿子不要付梓印刷，因为我心存忐忑。十分矛盾。

由于时间紧迫，算是急就章，疏漏之处，只盼读者可以宽容地海涵之。

C. 生年不满百，常怀千岁忧。人生苦短，相思苦长。一场人生之旅若有相爱的人陪伴，便也不虚此生罢。

这就是我写这本书的时候，常常涌现心头的感慨。

风云辗转湿流年，繁华尘世终离散，这一世的牵挂，却绵延不绝。

唯愿今生，指尖滑朱砂，共醉此时小轩窗，月前花夜，忘却虚幻彷徨。

倾绝世温柔，许我今生静好。